„Wer seinen Wohlstand vermehren möchte,
der sollte sich an den Bienen
ein Beispiel nehmen. Sie sammeln den Honig,
ohne die Blumen zu zerstören.
Sie sind sogar nützlich für die Blumen.
Sammle deinen Reichtum,
ohne seine Quellen zu zerstören,
dann wird er beständig zunehmen."

aus: Längere Sammlung, 31
Siddhartha Gautama (563 - 483 v.Chr.)

Die Deutsche Bibliothek verzeichnet diese Publikation in der Deutschen Nationalbibliografie;
detaillierte bibliografische Daten sind im Internet unter https://portal.dnb.de abrufbar.

Layout: jedernet GmbH, München
Druck: Printed in Germany
ISBN 978-3-948576-00-4
verlag.massel.net
verlag@massel.net

Paul Andersson

Alice im Neuland

Illustrationen von

Annamaria Papp-Ionescu

massel Verlag

Kapitel 1

Alice hat einen Traum

Ein Mädchen lag auf dem Erdboden. Es war nackt und schlief. In der Höhle war es dunkel. Rundherum nichts als Finsternis. Alice träumte von einer schönen neuen Welt. Dort flogen den Menschen die Hähnchen in den Mund. Milch und Honig sprudelten aus Quellen. Naja, nicht ganz so altertümlich. Vielmehr gab es dort Maschinen, die auf Knopfdruck Fertiggerichte servierten. Niemand musste mehr arbeiten, alles wurde von Robotern erledigt. Taxis sausten durch die Luft. Automaten konnten Kleidung und Spielzeug auf Knopfdruck herstellen.

Alice designte mit einem Tablet ein wunderschönes fliederfarbenes Kleid. Sie sollte am Abend auf einer Party die Königin von Neuland treffen. Gerade begann der 3D-Drucker zu rappeln, die ersten Spitzen konnte Alice schon sehen…

Da wachte sie auf!

Dunkelheit umgab Alice wie ein verbranntes Marshmallow. Es füllte klebrig und zäh die Luft. Aber da war nichts. Nur stille Leere. Trotzdem hatte Alice keine Angst. Sie stand fröhlich und unternehmungslustig auf. Würde sie heute endlich die berühmte Karo-Königin kennenlernen?

»Es werde Licht!«, rief Alice laut in die Höhle hinein. »Licht – icht – icht – icht – t – t«, kam als hundertfaches Echo zurück. Mit einem Mal war die Höhle hell erleuchtet. Erstaunt rieb sich Alice die Augen. So also ging das. »Licht aus!« Und sofort war es wieder pechrabenschwarz. »Wieder an – und aus«, befahl Alice ein um das andere Mal. Es machte ihr großen Spaß. Das Licht ging an und aus. Hell, dunkel.

WO BEGINNEN?

Liebe Leserin, lieber Leser,
liebe Kinder, Eltern und Groß-Eltern,

willkommen in der Geschichte „Alice im Neuland". Aller Anfang ist schwer, und so fragst du dich vielleicht auch, wo denn nun dieses Neuland liegt? Was es mit diesem Traum von Alice auf sich hat und warum es in der Höhle mal hell und dann wieder dunkel wird?

Der Autor der Geschichte wird auf den **Informationsseiten** versuchen Antworten zu geben. Dabei will er einfach und verständlich bleiben und trotzdem die komplizierten Sachverhalte und vielfältigen Verbindungen aufzeigen. Das Märchen von Alice soll deine Kreativität wecken. Die Informationen dazwischen wollen dich ermutigen alles kritisch zu hinterfragen. Bestimmt wirst du Fehler des Autors entdecken, denn irren ist menschlich. Gerne kannst du dann eine E-Mail an alice@paulandersson.com schicken und auf die Fehler hinweisen, selbstverständlich freut sich der Autor auch über Lob und Tadel.

Wollen wir also das Experiment beginnen und eintauchen in das **Internet**, wie es im Jahr 2020 vor uns liegt:

Neuland für uns alle, denn es wandelt sich ständig und niemand kann behaupten, es vollständig zu kennen. Und dennoch kein Traum mehr, sondern trotz seiner Virtualität immer konkreter werdende Realität in unser aller Leben!

1941 **Z3**

Groß wie eine Schrankwand und eine Tonne schwer. Der Z3 von Konrad Zuse war der erste voll funktionsfähige programmierbare Digitalrechner und bestand aus 2.000 Relais. Der Nachbau (siehe Foto) steht im Deutschen Museum in München.

Schon gewusst?

Relais sind elektrisch gesteuerte, aber mechanische Schalter. Die Rechengeschwindigkeit der ersten Computer war daher sehr begrenzt. Später setzte man Elektronenröhren ein, die aber sehr viel Energie benötigten. Kommerziell erfolgreich wurden die Computer erst Ende der 50er Jahre durch den Einsatz von Transistoren.

1959
IBM 1401

Das Datenverarbeitungssystem IBM 1401 war der weltweit erste bezahlbare, universell einsetzbare Computer und setzte statt der bisher üblichen Elektronenröhren erstmals Transistoren ein.
Er wurde über 10.000-mal verkauft und war somit der beliebteste Computer der 1960er Jahre.

Wenn man das Internet erklären will, muss man ganz am Anfang anfangen. So wie die Bibel mit der Schöpfungsgeschichte begonnen wurde. Gott sprach: Es werde Licht. Und es wurde Licht. (Gen. 1,3)

Das Internet ist ohne Computer nicht denkbar. **Computer** wiederum benötigen Elektrizität, die sich seit der Erfindung der Glühlampe (1880) rasend schnell verbreitete. Alle Erfindungen bauen also auf einander auf und so gab und gibt es auch immer eine technische Evolution.

Der erste Computer war eine elektrische Rechenmaschine, die mittels Schaltern einfache Rechenaufgaben bewältigte. Dabei wurde auf das sogenannte „Binärsystem" zurückgegriffen, da es nur zwei unterscheidbare Zustände gab: 1. Schalter ein, Strom fließt, Lampe leuchtet. Oder 2. Schalter aus, kein Strom fließt, Lampe aus. Ein Computer ist also dumm, er kennt nur die zwei Zahlen „1" und „0".

Auf diese Weise funktionieren Computer noch heute, sie wandeln alles in einen **Binärcode** um, das nennt man auch digitalisieren. Diesen Binärcode können Computer dann verarbeiten und speichern, oder auch wieder in Zahlen, Text, Farben oder Töne zurückwandeln und auf Papier, einem Bildschirm oder Lautsprecher ausgeben.

Programmfehler,

häufig auch **Bug** (englisch) genannt, bezeichnet ein Fehlverhalten von Computerprogrammen. Debuggen nennt man die Fehlersuche und -beseitigung.

Der Legende nach suchten damals die Techniker nach Käfern, die die Schalter der Relais blockierten und so Fehler verursachten. Schon Thomas Edison fand 1878 einen Bug in seinem Telefon. 1947 wurde an der Harvard-Universität tatsächlich eine Motte als Fehlerquelle entdeckt und im Logbuch verewigt.

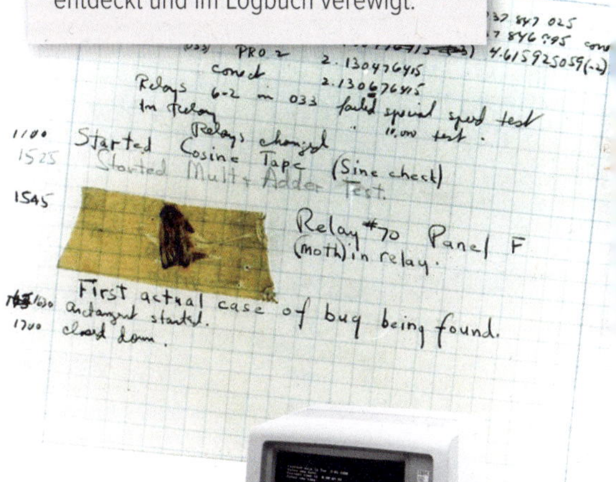

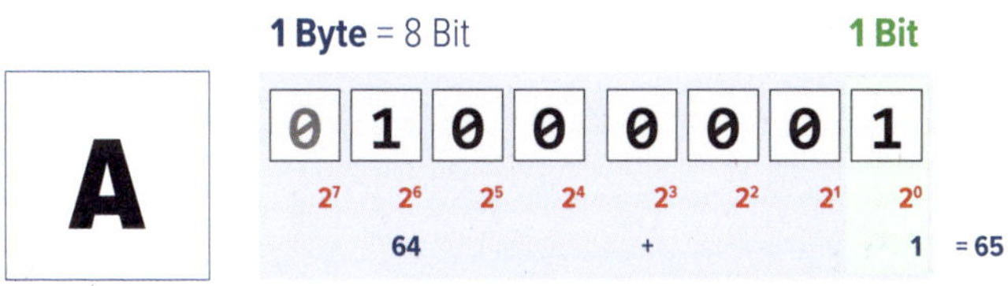

Der Buchstabe „A" im **ASCII-Zeichensatz** mit 7 Bit codiert. Der Binärcode entspricht der „65" im Dezimalsystem.

1976 **Apple I**

Die ersten 50 Stück des Apple I entstanden in der Garage von Steve Jobs Eltern. Der Mikrocomputer mit 8 Kilobyte Arbeitsspeicher kostete ursprünglich 666,66 US-Dollar. Gehäuse, Netzteil, Tastatur und Monitor waren nicht im Lieferumfang enthalten. Die Platine wurde in einem damals typischen Gehäuse aus Holz selbst eingebaut. Der Apple I (siehe Foto) wurde von Steve Wozniak mit »Woz« handsigniert und steht im Computer History Museum in Mountain View, USA.

»Byte into an Apple«

Werbespruch aus der Anzeige von Apple

1981
IBM 5150

Mit dem IBM Prsonal Computer begann die PC-Revolution.
MS-DOS war das erste **Betriebssystem** von Microsoft, Befehle wurden über die Tastatur eingegeben. Das im November 1985 veröffentlichte erste Windows erweiterte DOS um eine grafische Benutzeroberfläche (Abk. GUI von englisch Graphical User Interface).

Bits und Bytes sind also die **Ur-Teilchen** eines jeden Computers. Alles Digitale wird aus ihnen zusammengesetzt, so wie in der echten Welt alles aus Atomen besteht. Wenn du etwas in einen Computer hineingeben willst, muss es zuerst in 1en und 0en zerlegt werden. Dabei wird es virtuell. Wird zum Beispiel das Buch „Die Bibel" digitalisiert, wird die Information von der Materie getrennt. Die Bibel wiegt im Computer nichts mehr.

Das Buch dagegen hat ein Gewicht, da es aus Papier und Druckerschwärze besteht, du kannst das Buch anfassen und darin lesen. Um die digitale Bibel zu lesen, benötigst du hingegen einen Computer, der die 1en und 0en wieder in Text übersetzt, dazu benötigt der Computer Strom.

Früher musste die Bibel von Hand abgeschrieben werden. Durch den Buchdruck wurde das **Kopieren** der Bibel etwas leichter. Eine digitale Bibel hingegen lässt sich beliebig oft und in immer gleicher Form vervielfältigen. Das geht rasend schnell und fast kostenlos.

Du weißt nun also, dass alles, was von Computern verarbeitet werden soll, zuerst vom Analogen ins Digitale umgewandelt werden muss. Dies nennt man auch codieren. So werden Buchstaben mit einer Zeichentabelle eines bestimmten Zeichensatzes in Binärcode übersetzt. Wenn du ein Smiley auf dein Handy geschickt bekommst, wandelt dein Handy den erhaltenen Binärcode 10011000111010 in das Symbol ☺ um. Das nennt man auch decodieren. Ähnlich geschieht es auch mit Farben (visuelle Signale: Licht) und Tönen (akustische Signale: Schall).

Eine **virtuelle Welt** gibt es nur im Computer, so wie es einen Traum nur in deinem Kopf gibt. Du kannst also auch das Internet nicht be-greifen. Und wenn du den Strom ausschaltest ist alles weg, so wie wenn du aufwachst und dein Traum verblasst.

1984

Macintosh 128K

Der Macintosh war von Apple als günstiger Einstiegsrechner für jedermann gedacht und sollte das GUI-Konzept des Lisa Rechners bezahlbar machen. Dadurch wurde er im Gegensatz zum Lisa ein Verkaufserfolg. Benannt nach der Apfelsorte McIntosh, wurde der Macintosh zum Synonym für die Computer von Apple. Bis heute ist das „Mac" in der Modellbezeichnung geblieben.

Der Werbespot zur Einführung des Macintosh wurde nur ein einziges Mal ausgestrahlt, während der Übertragung des American Super Bowl XVIII am 22. Januar 1984. Apple präsentierte sich darin als Befreier, sieht sich heute aber selbst der Kritik der Überwachung seiner Kunden ausgesetzt. Der Werbespot wurde von Ridley Scott produziert und zum besten Werbespot aller Zeiten gewählt.

VIDEO TIPP
http://massel.net/B6z9

»Warum 1984 nicht wie ‚1984' sein wird!«

1984

heisst ein Roman, den George Orwell 1946-48 schrieb. Das Buch handelt in der Zukunft und beschreibt einen totalitären Überwachungsstaat. »Big Brother is watching you!« Jeder Bürger wird jederzeit beobachtet und kann als Staatsfeind auch eliminiert werden.

1985

Amiga 1000

Bei einer großen Show zur Vorstellung des Amiga in New York zeigte der Pop-Art-Künstler Andy Warhol an Ort und Stelle dem Publikum die Grafik- und Multimedia-Fähigkeiten dieses Heimcomputers. Sein Betriebssystem AmigaOS erlaubte als erstes Multitasking.
Der Hersteller **Commodore** war 1983 Marktführer (25% Umsatz-Marktanteil). In Deutschland war v.a. der Commodore 64 weit verbreitet und sehr beliebt.

„Das Internet ist für uns alle Neuland.“

Schon gewusst?

Ein <u>Server</u> ist ein Computer, der für andere in einem Netzwerk mit ihm verbundene Systeme bestimmte Aufgaben übernimmt und von dem diese ganz oder teilweise abhängig sind.

Neuland ist eine satirische Bezeichnung für das Internet nach dem Satz des Jahres 2013 von Angela Merkel. Die mit Daumen und Zeigefinger geformte Raute wurde zum Markenzeichen der Bundeskanzlerin. Die Geste wird auch als „Raute der Macht“ bezeichnet.

1990 **Webserver**

Der weltweit erste Webserver, ein NeXT Computer mit Ethernet im CERN in Genf.

1991 **Internet**

Der britische Programmierer Tim Berners-Lee machte das **World Wide Web**-Projekt am 6. August 1991 öffentlich und weltweit verfügbar. Er ist der Erfinder von HTML (Hypertext Markup Language) und steht heute dem World Wide Web Consortium (W3C) vor.

2007 **Apple iPhone**

Das erste iPhone wurde am 9. Januar 2007 von Steve Jobs vorgestellt. Bereits 2008 verkaufte Apple 13,7 Millionen iPhones.
Mit dem iPhone erlebt das Internet einen enormen Aufschwung. Jeder kann jetzt zu jeder Zeit surfen, Mails checken, Navigationsdienste nutzen oder einfach nur fotografieren – und das alles mit einem kleinen Gerät, das in jede Hosentasche passt.

Kapitel 2

Befreiung

»Huhu, du Menschenkind! Lass doch mal das Gott-Spielen und hilf mir lieber hier raus.«
Alice blickte sich erschrocken um. Hatte die Höhle mit ihr gesprochen? Da sah sie hinter einem Felsbrocken das Hinterteil eines kleinen weißen Tiers. Der Schweif schlug hin und her und die Hinterläufe tänzelten aufgeregt. Alice ging näher heran. Das Pferd war winzig klein. Es ging Alice gerade bis zu den Knien. Jetzt sah sie das Horn des Pferdes, es steckte fest im Felsen.

»Du musst mir helfen, bitte!«, jammerte das Einhorn. »Ich stecke hier seit tausenden von Jahren fest. Nur eine Alice kann mich hier herausziehen. Seitdem warte ich auf diese Alice. Du heißt nicht zufällig Alice?«
»Doch, ja, genau!«, lachte Alice. »Und wie heißen Sie?«
»Heribert.«
»Angenehm, Herr Bert!«

> *Alices Lippen schürzten sich zu einem Lächeln, als sie anhob: »Und wissen Sie was, ich dachte immer, Einhörner seien Fabelwesen! Ich habe noch nie ein lebendiges gesehen!«*
> *»Da wir uns nun gegenseitig gesehen haben«, sagte das Einhorn,*

»halte ich dich für echt, wenn du mich für echt hältst. Abgemacht?«
»Wenn Sie so wollen, ja«, sagte Alice.

»Na los, dann hol mich mal hier raus, Kindchen!«
Alice packte das kleine Einhorn am Schwanz und zog kräftig.
»Aua, Hilfe, das tut weh! Nicht am Schwanz ziehen!«
»Entschuldigen Sie bitte, Herr Bert. Aber was sein muss, muss sein!«
Alice zog weiter, nun etwas vorsichtiger. Aber es rührte sich nichts.
»Vielleicht klappt es besser, wenn ich den Kopf nehme«, dachte Alice. Sie packte Heribert also am Kopf, nahm ihn sozusagen in den Schwitzkasten und zog fester.

»Willst du mich jetzt auch noch erwürgen!« Das Einhorn war wütend, Tränen kullerten über seine Wangen. »Du hast doch gesagt, dass du Alice heißt. Warum zum Teufel klappt das nicht?«
Alice streichelte den Kopf des Einhorns und kraulte es etwas hinter den Ohren. Zufällig berührte sie dabei das Horn. Da begann Heriberts Horn zu leuchten. Es sprühte Funken in allen Farben des Regenbogens. Der Fels, in dem es steckte, bekam einen Riss.
Der Riss wurde größer und größer, bis sich ein Gang auftat.
Heribert war endlich frei.

»Du hast es geschafft, juhu!« Das Einhorn vollführte einen Freudentanz. »Ich danke dir, liebes Menschenkind. Wunderschöne Alice!« Heribert brach mitten in seinem Freudenausbruch ab und blieb wie angewurzelt vor Alice stehen. Verdutzt musterte er Alice von Kopf bis Fuß. »Du, du, – du bist nackt!«, stotterte er schließlich.

»Ja, und...«, erwiderte Alice lächelnd. »Ist ja warm hier. Und ich bin allein. Niemand ist hier, der mich sehen könnte.« Jetzt blieb Alice das Lachen mitten im Halse stecken und sie erstarrte.
»Ähh, oh, em, ... so war das nicht gemeint. Sie sind natürlich nicht NIEMAND, sehr geehrter Herr Bert.« Alice machte höflich einen Knicks vor dem Einhorn.

»Mich darfst du auch nicht vergessen«, erklang da eine Stimme aus dem Gang, der sich geöffnet hatte. Heraus trat ein Fuchs, sein feuerrotes Fell glühte im Halbdunkel. »Jetzt sind wir also zu dritt. Ein nacktes Mädchen, ein Einhorn und meine Schlauheit.«
Der Fuchs schüttelte Alice die Hand und gab dem Einhorn einen Klapps auf den Allerwertesten. »Ihr zwei wollt ins Neuland, stimmt's?«, bemerkte der Fuchs. »Ich kann euch führen.«

WIE ENTSTAND DAS INTERNET?

Menschen können miteinander telefonieren. Aber Computer? Als die **Computer** im Leben der Menschen eine immer größere Rolle spielten, sollten auch diese ihre Gedanken austauschen können. In Hochschulen und Forschungseinrichtungen sammelten die Menschen viele Daten und verfassten Dokumente auf ihren Computern. Forscher aus anderen Ländern oder Städten wollten auch gerne mit diesen Daten arbeiten.

Das **Internet** ist das Netz der Netze. Beginnend mit dem Arpanet, als Forschungsnetz des US-Militärs, ermöglicht es vielfältige Netze und Dienste. Ein Meilenstein war Anfang der 1970er Jahre die Bereitstellung des E-Mail-Dienstes.

Telefone (mit Kabel und Wählscheibe) gab es Anfang der 1980er Jahre schon überall, daher entstand die Idee, diese Telefonleitungen zu nutzen, um auch Computer miteinander zu verbinden. Das Internet bezeichnet also die Verbindung vieler Computer, die über Landesgrenzen hinweg Daten austauschen können. Das Internet ist grundsätzlich offen für alle, die mit ihm verbunden sind. Es ist dezentral organisiert, d.h. jeder Computer kann sich mit jedem Computer verbinden.

Anders sieht es beim **Intranet** aus. Die Silbe „intra" ist lateinisch und bedeutet „innerhalb". Damit werden Computernetze innerhalb einer Firma oder Hochschule bezeichnet. Das Intranet steht somit nur einer begrenzen Anzahl an Personen zur Verfügung; es ist nicht für die Öffentlichkeit bestimmt.

Wichtig für die Entstehung des Internets war es, eine gemeinsame Sprache zu erfinden und einheitliche Datenformate festzulegen. Denn wenn du dir vorstellst, dass du z.B. in Chicago anrufst und sich dort eine Stimme mit „Hello" meldet, kannst du vielleicht mit deinen Englisch-Kenntnissen mitteilen, welches Dokument du gerne haben möchtest. Aber jetzt stell dir vor, dieses Dokument befindet sich in Tokyo und der Computer dort meldet „oh-haih-yoh", dann solltest du nicht schnell wieder auflegen, weil du „Ohio" verstanden hast und meinst dich verwählt zu haben. Ohio ist nämlich ein amerikanischer Bundesstaat und „oh-haih-yoh" bedeutet „Guten Morgen" auf japanisch.

Da das Internet hauptsächlich in Europa und Nordamerika entwickelt wurde, sind die meisten Fachwörter Englisch. Wir unterscheiden drei Hauptbereiche, die für einen erfolgreichen Datenaustausch zweier Computer über das Internet notwendig sind: Das Protokoll, die Sprache und das Format.

1. DAS PROTOKOLL

Nutzen wir weiter das Bild von einem Telefonat zweier Menschen, oder besser zweier Diplomaten. Da würde nicht der Botschafter Chinas in Berlin anrufen und ins Telefon schnauzen: „Hej, du, rück mal ne Liste mit allen deutschen Weinsorten raus, aber dalli!" Das wäre ein schwerer Verstoß gegen das Protokoll, es widerspricht der angemessenen Höflichkeit.

Schon gewusst?

29. Oktober 1969: An dem Tag, an dem das Internet erfunden wurde, saß der Student Charley Kline vor einem Computer in der University of California in Los Angeles (UCLA). Verbunden durch eine 50-Kilobit-Datenleitung stand im 520 Kilometer entfernten Stanford Research Institut ein weiterer Großrechner. Kline wollte „login" schreiben, doch nach dem dritten Buchstaben stürzte sein Computer ab. So blieb „log" die erste gelungene Internetbotschaft. Sechs Wochen später wurden auch Computer der UCSB in Santa Barbara und der University of Utah an das ARPANET angeschlossen. Aus diesem entstand dann das heutige Internet.

In Deutschland war 1988 die Universität Dortmund Vorreiter und verband sich über Amsterdam mit den USA. Dort wurde das Internet 1992 auch für kommerzielle Unternehmen freigegeben und der Boom begann. Heute sind über 500 Millionen Computer auf der ganzen Welt miteinander verknüpft.

Protokoll meint im obigen Fall den genau festgelegten Ablauf eines Gespräches. Es beinhaltet eine korrekte Telefonnummer und Begrüßung, gefolgt vom eigentlichen Zweck des Gesprächs. Das bekannteste Protokoll im Internet wird mit **HTTP** abgekürzt. Es gibt aber auch die aktuelle und sichere Weiterentwicklung HTTPS, und viele weitere wie FTP, SMTP, IMAP, VoIP, und viele andere. Alle haben ihren speziellen Zweck.

2. DIE SPRACHE

Wenn zwei Computer miteinander telefonieren, müssen sich beide nicht nur an das vereinbarte Protokoll halten, sie müssen natürlich auch die gleiche Sprache sprechen. Die meisten Menschen denken beim Internet an Webseiten, die sie im Browser aufrufen können um z.B. Nachrichten zu lesen oder sich über Firmen zu informieren, Adressen zu finden oder bei Wikipedia zu recherchieren. Alle diese Webseiten sind in der Computer-Sprache **HTML** verfasst. Auch wenn die Seite für dich auf deutsch oder japanisch erscheint. Der Code dahinter, das was die beiden telefonierenden Computer senden und empfangen, das ist in HTML programmiert.

Für E-Mails gibt es zwei „Sprachen“: **Plain Text**, das sind E-Mails, die nur aus Text bestehen. Und HTML, analog zu den Webseiten, diese E-Mails können bunte Schriften in verschiedenen Größen und Bilder enthalten. Auch Tabellen sind möglich. Allerdings ist das HTML in einer E-Mail nicht zu vergleichen mit den Gestaltungsmöglichkeiten und Interaktionen einer „echten“ Webseite. Denn dort kommen oft noch andere Sprachen gleichzeitig zum Einsatz, wie zum Beispiel: CSS und JavaScript.

3. DAS FORMAT (oder auch die Kodierung)

Bleiben wir kurz bei dem einfachen Beispiel einer Plain Text Mail, die wir zusammen mit einem Word-Dokument nach Japan schicken wollen. Das Format im Zusammenhang mit Dateien ist den meisten geläufig. Die Dateiendung .doc gibt das Dateiformat an. Der Empfänger kann das Dokument öffnen, wenn er das Programm Word besitzt oder ein kompatibles Textverarbeitungsprogramm. Wie aber versteht der Computer in Japan die einzelnen Buchstaben der E-Mail? Tatsächlich übertragen werden ja nur Zahlenreihen aus „Eins“ und „Null“.

Also muss auch jedes Zeichen in einem bestimmten Format übertragen werden. Aktuell sollte **Unicode** (UTF-8) verwendet werden. In der Version 12.1 vom Mai 2019 sind darin 137.929 Zeichen enthalten; auch deutsche Umlaute, japanische Schriftzeichen bis hin zu Emoticons stellen kein Problem mehr dar.

Wenn es bei E-Mails oder Websites zu falschen Zeichen kommt, so verwenden die „telefonierenden“ Computer die falsche Kodierung, entweder der sendende Computer oder der empfangende. Nur wenn beide das gleiche Format verwenden, klappt es mit der Übertragung und du kannst den Text richtig lesen.

€

UTF-8
Eurozeichen

Das Eurozeichen hat den Unicode Codepoint U+20AC. Die binäre Darstellung dieser Zahl ist 00100000 10101100.

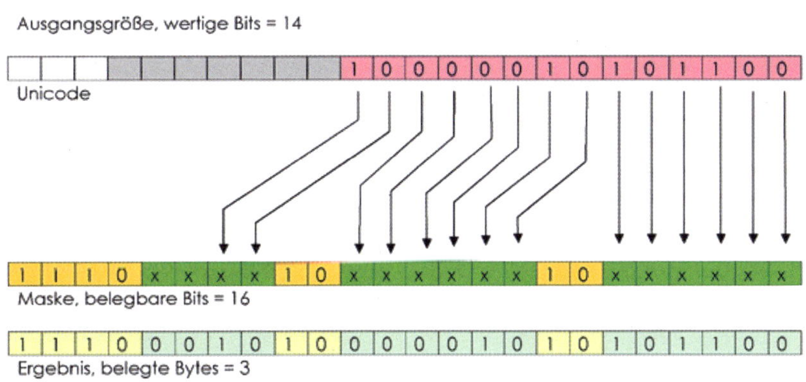

nicht benutzte Bits in der Ausgangsgröße
benutzte Bits in der Ausgangsgröße
für die UTF-8-Codierung reservierte Bits
für die Übernahme der Bits aus der Ausgangsgröße freie Bits

DIE VORDERSEITE DES INTERNETS

Es gibt über **4,3 Milliarden**
Internet-Nutzer auf der Welt

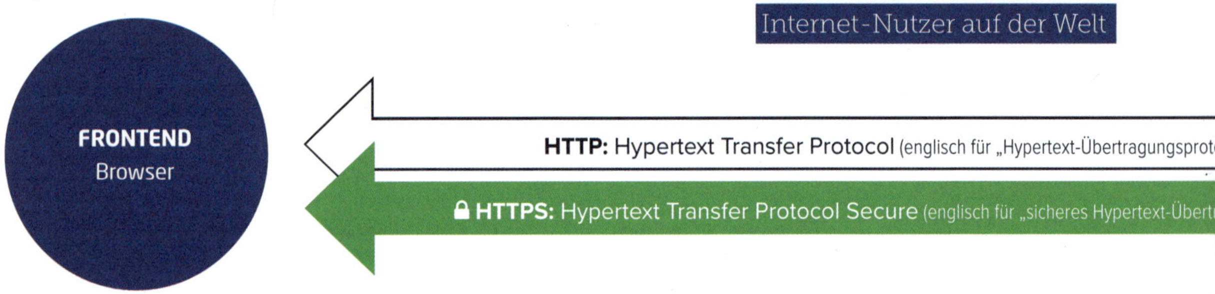

Um eine Webseite anzuschauen oder im Internet zu „surfen", benötigst du einen **Browser**. Dieses Programm auf deinem PC oder die App auf deinem Smartphone übersetzt für dich den HTML-Quellcode. Angezeigt werden die Webseiten von vielen verschiedenen Geräten mit sehr unterschiedlichen Bildschirmgrößen und Betriebssystemen. Eine solches responsives Design stellt an die Programmierung einer Website hohe Anforderungen.

Wenn du mit deinem Browser eine Seite aufrufst, wird eine Anfrage an den zuständigen Webserver gestellt. Die Kommunikation mit dem Server sollte via HTTPS erfolgen, insbesondere dann, wenn du personenbezogene Daten überträgst, wie z.B. in einem Onlineshop. Die **Verschlüsselung** der Datenübertragung erkennst du an einem Schlosssymbol oben links in der Adresszeile deines Browsers.

Hat der Webserver die angefragte Webseite gespeichert, kann er sie sofort an den Browser übertragen. Dynamische Webseiten müssen vom Server zuerst generiert, und z.B. noch mit aktuellen und benutzerabhängigen Daten ergänzt werden. Erst dann liefert der Server das frisch erzeugte HTML-Dokument an den Browser aus. Der Browser kann nun das erhaltene Dokument anzeigen. Dazu interpretiert er den Quellcode und verwendete Style Sheets oder **JavaScripts**; das sind kleine Programme, die auf deinem Computer im Browser ausgeführt werden.

90% der Webseiten verwenden JavaScript, um interaktive Funktionen und Animationen zu ermöglichen: z.B. wenn beim Scrollen Elemente hereingeflogen kommen, oder wenn Formulare schon während der Eingabe Fehler anzeigen. Beliebt sind fertige Bibliotheken wie jQuery und Bootstrap.

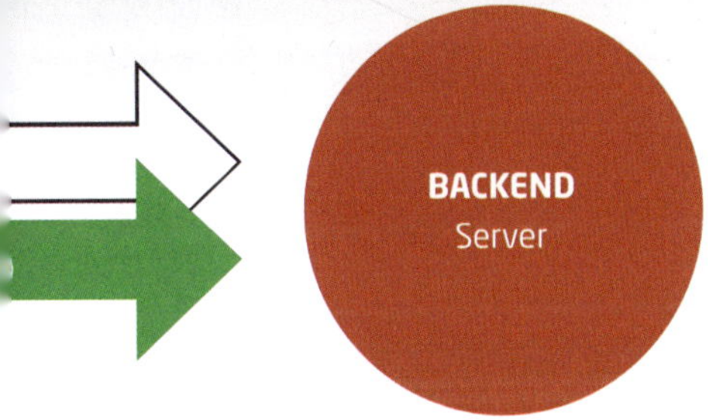

Gespeichert werden die Webseiten in **Rechenzentren**, die aus vielen Servern bestehen, deshalb sagt man auch „Serverfarmen" dazu. Diese haben sehr große Rechenleistung und Speicherplatz und sind gegen Ausfall gesichert. So können Millionen von Nutzern gleichzeitig, rund um die Uhr und von überall auf der Welt, auf die gespeicherten Dokumente zugreifen.

Die meisten Server verwenden Unix als Betriebsystem z.B. Apache. Etwa 10% nutzen Windows. Wenn du ohne große Programmierkenntnisse eine Webseite erstellen willst, helfen dir Homepage-Baukästen oder sogenannte **CMS** (Content Management Systeme). Sehr verbreitet ist das Open Source CMS WordPress, mit dem du ganz einfach deinen eigenen Blog betreiben kannst.

Um deine Seite zu bearbeiten, kannst du dich mit Benutzername und Passwort im **Backend** (Admin-Bereich) anmelden. Dort kannst du dann Inhalte schreiben und Dateien einfügen.

Es gibt heute mehr als 1,7 Milliarden Webseiten im Internet. Allerdings sind nur etwa 200 Millionen aktiv. Das Internet wächst pro Sekunde um ca. 70 Terabyte, weil immer mehr Daten (Texte, Bilder, Videos, Musik) nicht nur auf Webseiten sondern auch in der Cloud gespeichert werden.

Stromhunger

Wäre das Internet ein Land, hätte es nach China und USA den drittgrößten Stromverbrauch. Weltweit wären 25 Atomkraftwerke notwendig, um genügend Strom allein für das Internet zu produzieren.
Das bedeutet aber auch, dass du mit jeder Aktion im Internet CO_2 in die Erdatmosphäre entlässt. Nur wenige Internet-Unternehmen kümmern sich bisher um klimaneutralen Betrieb ihrer Rechenzentren.

LINK TIPP
http://www.clickclean.org/germany/de/

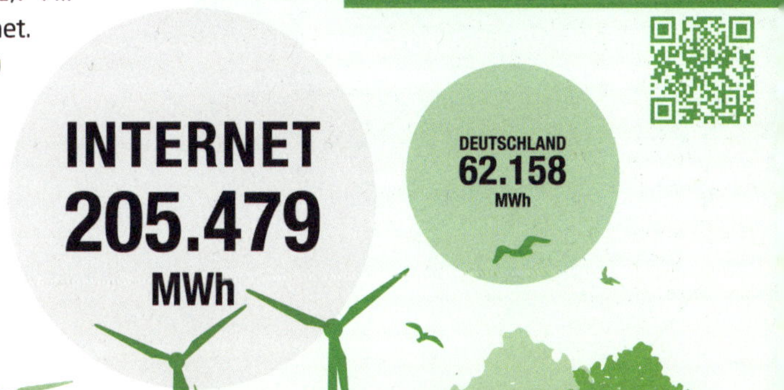

Kapitel 3

Rasante Reise

»Ich möchte gerne die rote Königin mit der Raute besuchen. Kannst du uns bitte zu ihr bringen?«, fragte Alice den Fuchs. »Niemand kennt die Königin. Alle wollen zu ihr. Warum? Den Weg dorthin musst du schon selbst finden. Aber ich kann dich zu einer Suchmaschine bringen, wenn du willst!«, antwortete der Fuchs. »So kannst du auf keinen Fall einer Königin gegenübertreten, mein Kind!«, unterbrach Heribert den Fuchs und betrachtete Alice kopfschüttelnd. »Bring uns zuerst zu einem feinen Kleiderladen.«

Der Fuchs holte einen Kompass aus seinem feuerroten Pelz und blickte flüchtig darauf. »Wir müssen uns beeilen. Kommt schnell! Die Safari beginnt gleich.« Mit einer einladenden Handbewegung lief der Fuchs in den Gang, aus dem er gekommen war, und Alice und das Einhorn folgten ihm. Jetzt sahen sie dort im Lichte des feuerrotglühenden Fuchses viele Pakete stehen, große und kleine. Der Fuchs war abrupt vor einem stehengeblieben und sprang hinein. »Kommt, steigt ein!«, rief er Alice und dem Einhorn zu. Kaum hatten sie alle Platz genommen, da flog das Paket schon los.

Alice erlebte eine Achterbahnfahrt, die sie so schnell nicht vergessen würde. Es ging in einem irren Tempo durch Tunnels und Gänge.

Manche waren gerade so groß, dass ihr Paket hindurchpasste, wenn sie sich duckten. Andere waren riesengroß, so dass mehrere Pakete neben- und übereinander hindurchsausten. Auch vor und hinter dem Paket, in dem sie saßen, bildete sich eine endlose Reihe von Paketen. Es ging hoch und runter. Manchmal stockten die Pakete, wenn die Röhre enger wurde, und dann beschleunigten sie wieder so, dass Alice und das Einhorn nach hinten geworfen wurden. Bei einer besonders wilden Fahrt passierte es: Das Einhorn Heribert wurde aus dem Paket herausgeschleudert.

»Wir haben Herrn Bert verloren!« Alice Stimme überschlug sich. Sie zog den Fuchs am Schwanz und wollte ihn zum Umkehren zwingen. Aber es war zwecklos. »Im Moment können wir nichts für ihn tun. Das kommt immer mal wieder vor, dass Pakete verloren gehen. Manchmal kommen sie über Umwege zurück. Manchmal friert alles ein. Oder alle Pakete stürzen ab.«

Dem Fuchs ging der unerwartete Verlust des Freundes nicht so nah wie Alice. Aber sein Gleichmut ließ auch Alice hoffen. Sie würden einfach nach dem Kleidereinkauf Herrn Bert suchen und ihn bestimmt wieder finden.

DATENÜBERTRAGUNG

Seitdem die Menschen miteinander sprechen versuchen sie, Informationen oder Nachrichten auch über weite Strecken auszutauschen. Die **Brieftaube** gilt als die älteste Form der Datenübertragung. Schon 5000 v. Chr. begann der Mensch, Tauben als Haustiere zu halten und für eine Flugpost einzusetzen. Im Jahre 1279 v. Chr. verkündeten freigelassene Tauben die Nachricht von der Krönung des Pharaos Ramses II. in Ägypten.

In der frühen Neuzeit (ab 1500 n. Chr.) entstand dann das **Postwesen**, beginnend mit reitenden Kurieren über Postkutschen und -stationen bis hin zur modernen Post, wie wir sie heute kennen.

Die indianische Signalsprache funktionierte schneller als jedes Pferd reiten konnte, allerdings war die Entfernung der Datenübertragung begrenzt: Um die benötigten **Rauchzeichen** zu erhalten, wurde dem offenen Feuer in der Regel nasses Gras zugesetzt. Die stark qualmende Feuerstelle wurde mit einer Decke abgedeckt. In bestimmten Abständen wurde dann der

Rauch freigesetzt, so dass eine Zeichenfolge von „Rauch" und „Nichtrauch" entstand, ähnlich dem **Morsealphabet** oder auch Binärcode.

Samuel Morse baute 1833 den ersten brauchbaren elektromagnetischen Schreibtelegrafen. Ein Morsezeichen bestand aus drei Symbolen: kurzes Signal, langes Signal und Pause. Der Code konnte sowohl optisch (z.B. Taschenlampe), akustisch (z.B. Klopfen) oder als elektrischer Puls über eine Telefonleitung übertragen werden.

Im 19. Jahrhundert wurden dann zuerst die elektrische **Telegrafie** erfunden und später zum Fernsprechwesen (**Telefonie**) ausgebaut. Das 3.600 km lange TAT-1 (transatlantisches Telefonkabel) nahm am 25. September 1956 seinen Betrieb auf. Die Verbindung verfügte über 36 Fernsprechkanäle, je eine Ader für jede Sprechrichtung, sowie 51 Verstärker, die im Abstand von jeweils 70 Kilometern am Kabel angebracht waren.

Das Morse-Alphabet

A	·−	N	−·
B	−···	O	−−−
C	−·−·	P	·−−·
D	−··	Q	−−·−
E	·	R	·−·
F	··−·	S	···
G	−−·	T	−
H	····	U	··−
I	··	V	···−
J	·−−−	W	·−−
K	−·−	X	−··−
L	·−··	Y	−·−−
M	−−	Z	−−··
1	·−−−−	?	··−−··
2	··−−−	!	−·−·−−
3	···−−	.	·−·−·−
4	····−	,	−−··−−
5	·····	;	−·−·−·
6	−····	:	−−−···
7	−−···	+	·−·−·
8	−−−··	-	−····−
9	−−−−·	/	−··−·
0	−−−−−	=	−···−

Morse-Apparat um 1844

Nach diesem kleinen Ausflug in die Geschichte der Datenübertragung wollen wir ins digitale Zeitalter zurückkommen. Wie werden die Daten also im Internet übertragen? Der gute alte Kupferdraht, den wir schon vom Telefon kennen, überträgt auch heute noch die Bits und Bytes, zumindest auf den letzten Metern.

WAN, LAN UND WLAN

Hat sich da jemand verschrieben? Nein, WAN gibt es wirklich! Es bedeutet Wide Area Network. Es könnte also mit dem Internet verglichen oder gleichgesetzt werden. LAN bedeutet hingegen Local Area Network; es beschreibt also erstmal das Netz in deiner unmittelbaren Umgebung, also bei dir zuhause, in der Arbeit oder in der Schule. LAN wäre also eher mit Intranet zu übersetzen.

Und was ist jetzt WLAN? Wenn du bisher dachtest, WLAN bedeutet Internet, so ist das nicht falsch und trotzdem nicht richtig. **WLAN** heißt erstmal Wireless Local Area Network. Für die meisten liegt hier die Betonung auf „wireless" also der **Funkverbindung** im Gegensatz zum Kabel.

Du kannst dein Smartphone, deinen Drucker oder deinen Computer über ein WLAN ohne Kabel an ein LAN anschließen. Ob das LAN dann aber (mit einem Kabel!) mit dem WAN/Internet verbunden ist, ist eine ganz andere Frage.

Seit dem großen Erfolg der iPhones und dem Siegeszug der Smartphones gibt es praktisch überall kabelloses (engl.: wireless) Internet. Dies wird aber über die Mobilfunkanbieter und **Mobilfunknetze** zur Verfügung gestellt und hat technisch gesehen nichts mit deinem WLAN zuhause zu tun. Das Internet über Mobilfunk wird mit 3G, LTE oder in Zukunft 5G ermöglicht. Wobei die Geschwindigkeit von 5G die Geschwindigkeiten von WLAN und sogar DSL-Anschlüssen (= kabelgebundener Internetanschluss über die Telefonleitung) übertreffen wird. Nur eine Glasfaserverbindung ist schneller und soll in Zukunft noch schnellere Datenübertragungen ermöglichen.

INTERNET (WAN)

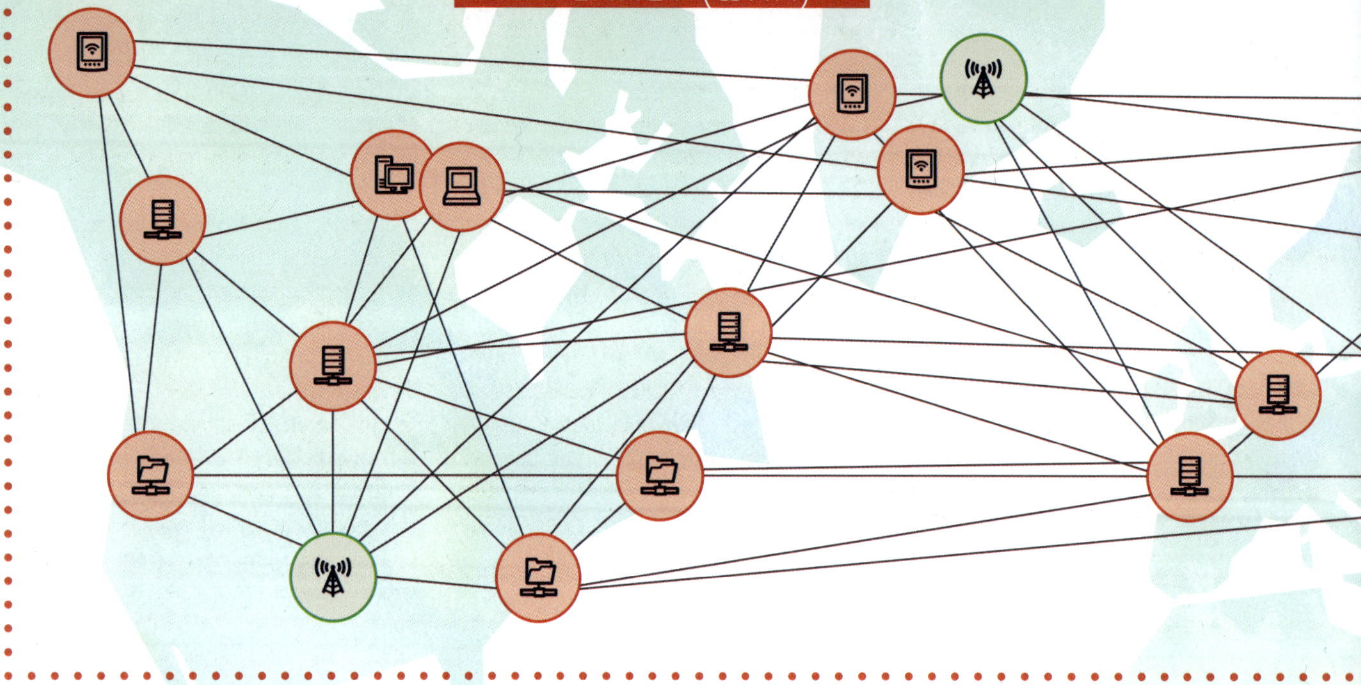

Rekord

Im Februar 2019 ist es Forschern der Technischen Universität München (TUM) erstmals gelungen, in einem bestehenden **Glasfasernetz** Daten mit **500 Gigabit** pro Sekunde über eine einzelne Wellenlänge zu übertragen.

Durch dieses Verfahren ergäbe sich bei mindestens 100 möglichen Kanälen (Lichtspektrum) je Faser eine Rekord-Gesamtübertragungskapazität von mehr als 50 Terabit pro Sekunde.

Das heißt, man könnte die Daten eines **16 Meter** hohen Turmes aus vollen DVDs (4,7 GB) in einer einzigen Sekunde z.B. von Hollywood nach München schicken.

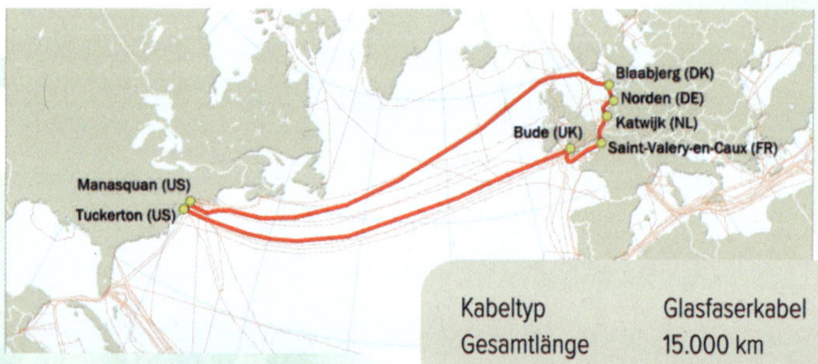

TAT-14 wurde 2001 in Betrieb genommen. Das Unterwasserkabel verbindet Nordamerika über zwei Strecken mit Europa.

Kabeltyp	Glasfaserkabel
Gesamtlänge	15.000 km
Geschwindigkeit	1.280 Gbit/s
Leitungen	8 (4 Paare)
Verstärkerabstand	alle 50 - 70 km

„Als diese Leitungen vor 20 bis 25 Jahren verlegt wurden, hat man sich über den Klimawandel und den Meeresspiegelanstieg noch keine Gedanken gemacht.“

Paul Barford
University of Wisconsin-Madison

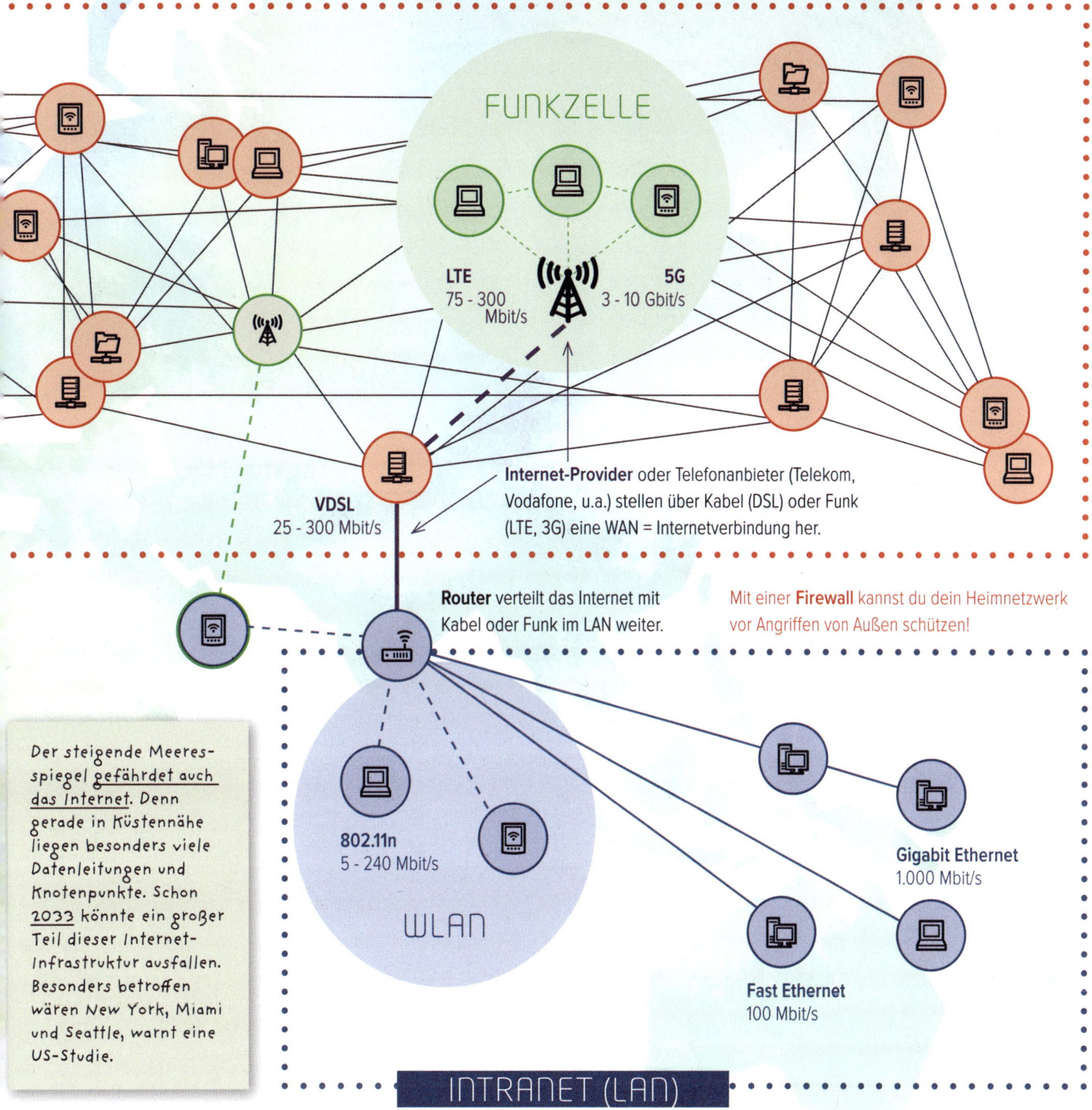

Der steigende Meeresspiegel gefährdet auch das Internet. Denn gerade in Küstennähe liegen besonders viele Datenleitungen und Knotenpunkte. Schon 2033 könnte ein großer Teil dieser Internet-Infrastruktur ausfallen. Besonders betroffen wären New York, Miami und Seattle, warnt eine US-Studie.

Kapitel 4

Nackt und zugenäht

Sie standen vor einem schicken Modegeschäft. Die Fassade, mehrere Stockwerke hoch, war aus Glas mit großen Schaufenstern. Vor der Türe standen zwei Tintenfische, sie hielten Alice einen Teller mit Keksen hin. »Du musst einen nehmen«, flüsterte der Fuchs Alice ins Ohr. Alice nahm also einen Keks und wurde von den Tintenfischen eingelassen.

Kaum hatte Alice den Laden betreten, kamen zwei Verkäufer auf sie zu. Es waren eine goldene Gans und eine Eidechse. Die Eidechse trug einen schwarzen Frack und auf dem Kopf einen Zylinderhut.

Die Gans fragte Alice: »Sie wünschen?«
»Einen Karpfen, bitte!«, erwiderte Alice ernst und dachte im Stillen: »So eine dämliche Gans. Was werde ich wohl wollen? Splitternackt in einem Geschäft für Damenmode.«
»Wenn ich Sie bitte zur Abteilung für Unterwäsche begleiten darf«, übernahm nun die Eidechse galant das Wort. Die Gans verschwand entrüstet schnatternd zwischen den Regalen und Schaufensterpuppen. Alice spürte, wie ihr jemand etwas auf den Rücken drückte. Sie drehte sich um, doch da war niemand.

Im Untergeschoss staunte Alice nicht schlecht. Regale über Regale voller Unterwäsche. So eine Auswahl hatte sie noch nie zuvor gesehen. Es gab Slips und BHs in allen Farben und Formen. Viele Schauspieler, Models und sogar Fußballer präsentierten ihre eigene Kollektion. Wieder erschien eine goldene Gans, es musste aber eine andere sein, denn diese eröffnete das Gespräch geschickter.

»Darf ich der Dame den neusten Trend für diesen März zeigen?«
»Eine ganz schlichte Unterhose in weiß tät‘s auch«, erwiderte Alice bestimmt. Bei sich dachte sie: »Na, so etwas Dämliches ist mir wirklich noch nicht untergekommen. Kein Mensch sieht meine Unterhose. Welche Farbe die hat oder wer die gemacht hat; wen interessiert sowas? Hauptsache sie zwickt nicht und ist nicht schmutzig.« Bei dem Gedanken musste Alice schmunzeln.

»Wir haben hier einen neuen Automaten, mit dem können Sie die Farbe berechnen lassen, die optimal zu ihrem Hauttyp und Alter passt.« Die Gans schob Alice vor einen Computer und presste einen Trichter mit Schlauch auf ihren Po.
»Wie alt?«, fragte der Computer.

»Siebeneinhalb Jahre.«
Sofort fiel die perfekte Alice-Unterhose aus einer kleinen Tür direkt neben dem Computer.
Die Unterhose passte. Die Farbe war ein sehr helles Grau mit etwas Rosa, sah aber auf den ersten Blick weiß aus. Wieder kitzelte es Alice kurz am Rücken.
»Jetzt zu den Kleidern, bitte!« Die Eidechse ging voraus. Zurück blieb eine enttäuschte goldene Gans. Etwas mehr Begeisterung hätten sie und ihr Unterhosen-Automat schon verdient gehabt.

Auf dem Weg in den zweiten Stock fragte Alice den Fuchs, ob er sich ihren Rücken ansehen könnte.
»Bis jetzt drei Cookies«, war seine trockene Antwort.
Alice verschluckte sich fast. »Kekse?« Hatte sie richtig verstanden? Sie wusste, dass sie vor dem Laden einen angeboten bekommen hatte, aber den hielt sie doch noch immer in der Hand.

Der Fuchs sah ihre Verwunderung und beeilte sich zu erklären.
»Kein Grund zur Sorge. Bis du hier fertig bist, wird noch ein ganzes Dutzend dieser kleinen Blutsauger an dir kleben. Die Tintenfische verteilen sie. Wenn du das nächste Mal kommst, wissen die Verkäufer

hier Bescheid. Sie begrüßen dich mit deinem Namen und bieten dir Unterwäsche deiner Lieblingsmarke in der richtigen Farbe an. Der Einkauf geht dann schneller.«
Der Fuchs war von seinen Worten derart begeistert, dass er Alice nun jeden gut getarnten Tintenfisch im Laden zeigte und sie über die wachsende Zahl an kleinen Tierchen auf ihrem Rücken zuvorkommend unterrichtete.

Alice war die Sache nicht ganz geheuer, aber sie konzentrierte sich erst einmal auf die nächste goldene Gans – oder war es doch immer wieder dieselbe? Die Verkäuferin reichte Alice ein Paar sehr eng anliegende Hosen.
»Sind das Jogginghosen oder Strumpfhosen?« Alice kam das sonderbar vor.
»Sie heißen ‚Leggins' und sind bei unserer Kundschaft äußerst beliebt.« Die Gans wedelte mit einem schwarzen Exemplar mit Goldnaht vor Alices Gesicht herum.
»Nein, danke, ich hätte lieber ein schlichtes Kleid.«
»Aha, Sie müssen eine Influencerin sein. Alle anderen wollen immer nur Leggins und glitzernde T-Shirts aus der Werbung.«
Die Gans schaute Alice bewundernd an.

»Nein, mir geht es gut. Grippe habe ich keine«, antwortete Alice verwirrt.
Die Auswahl bei den Kleidern war nicht so groß. Alice probierte einige an. Die Verkäuferin lobte das Aussehen jedes Kleides überschwänglich. »Das sitzt wie angegossen.« »Das passt ganz besonders schön zu Ihren Augen.« »Dieses betont wunderbar Ihre gute Figur.« So ging es pausenlos. Und gleichzeitig wurde sie ermahnt, nur das Kleid, das ihr selbst wirklich am besten gefiele, zu wählen: welches sich am besten anfühle und worin sie sich selbst finden und verwirklichen könne.

Schließlich entschied sich Alice für ein fliederfarbenes Kleid, das sie an ihren Traum in der Höhle erinnerte. Vielleicht war es ja wirklich für sie bestimmt. Es schmiegte sich wunderbar an ihre schlanke Taille an und der Stoff fühlte sich weich und warm auf ihrer Haut an. Ja, mit diesem Kleid würde sie sich der Königin vorstellen können.

»Vielleicht noch eine Halskette für Ihr bezauberndes Dekolleté?«, meinte die Gans. »Schmuck führen wir im Erdgeschoss, wenn die Herrschaften mir bitte folgen wollen.«
Nachdem auch eine wunderschöne Perlenkette gefunden war, brachte

die Eidechse Alice zur Kasse. Dort erwartete sie der Geschäftsführer. »Ich hoffe Sie hatten einen angenehmen Aufenthalt bei uns?«
Alice vermutete, dass er darauf keine Antwort erwartete und fragte deshalb schüchtern zurück: »Kann ich vielleicht auch mit Keksen bezahlen?« Verlegen drehte sie den Keks vom Eingang in ihrer Hand und dachte an die inzwischen 23 Kekse auf ihrem Rücken, die bestimmt schon ihr Blut saugten.
»Nein, wir akzeptieren nur Bargeld oder Kreditkarte.«

»Oje, wie altmodisch«, dachte Alice. Während sie den Geschäftsführer musterte, schien sich seine Nase immer mehr in einen Rüssel zu verwandeln. Überhaupt kam Alice seine Haut jetzt recht rosa vor. Und seine Äuglein so klein. Je länger sie hinsah, desto sicherer wurde sie sich: Er war ein Schwein.
Laut sagte sie: »Wenn doch nur mein Freund, das Einhorn, hier wäre. Herr Bert würde bestimmt für mich bezahlen, schließlich bin ich seine Retterin. Leider haben wir ihn auf der Fahrt hierher verloren.«

Als Alice Heribert erwähnte begann der Geschäftsführer zu grunzen und sich zu verbeugen. »Kein Problem, gnädiges Fräulein, kein Problem! Wir werden es einfach dem Einhorn anschreiben. Hätten Sie das doch nur gleich gesagt, ich hätte Sie persönlich beraten und Ihnen nur die beste Designer-Ware verkauft. Nicht dieses billige namenlose Zeug.« Verächtlich schnaubend blickte das Schwein von oben auf Alice und ihr Kleid herab.

Draußen vor dem Laden, außer Hörweite der beiden Tintenfische, sagte Alice zum Fuchs. »Bleib mal bitte hier stehen, ich möchte meine Blutegel kurz testen!« Alice war ein überaus schlaues Kind, das nichts so einfach glaubte. Also steuerte sie zielsicher zurück in den Laden. Und wirklich, die beiden Türsteher waren praktisch unsichtbar, kein Keks wurde ihr aufgedrängt.

Im Laden erschien sofort wieder die dämliche Gans. Aber sie schnatterte überaus freundlich: »Willkommen zurück, liebe Alice! Ich werde sofort den Geschäftsführer holen lassen. Sie sind ja mit dem Einhorn bekannt und also eine sehr wichtige Person.«
Und die Eidechse wollte Alice sofort die Karpfen zeigen.
Aber Alice machte auf dem Absatz kehrt und ging gut gelaunt zurück zum Fuchs. »So dämliche Tiere. Die haben doch tatsächlich meinen Witz mit dem Karpfen gespeichert und wollten mir wieder den Geschäftsführer auf den Hals hetzen!«

»Soll ich alle Blutegel von deinem Rücken entfernen?« Der Fuchs hatte natürlich die Argumente von Alice verstanden.
»Ja, bitte! Alle weg. Sofort.«
»Wird gemacht – und ist schon erledigt.«

»Warum ist denn der Laden so leer? Kein anderer Kunde war weit und breit zu sehen. Bin ich die einzige Dumme, die bei diesem Schwein einkauft?« Alice war wieder wütend.
Aber der Fuchs versicherte ihr: »Ganz im Gegenteil. Dieses Geschäft ist das meistbesuchte in ganz Neuland. Es verkauft mehr als alle anderen Läden zusammen. Aber im Neuland siehst du die anderen Kunden nie, dieser Laden ist den ganzen Tag nur für dich geöffnet. Und mit der Zeit passt er seine Waren an deine Wünsche an, deshalb die vielen Kekse.«
Alice wurde die Sache zunehmend unheimlich.

Die Geschichte von Mark-Uwe Kling „Der Tag, an dem die Oma das Internet kaputt gemacht hat“ findet lustige Erklärungen dafür, dass wirklich **das ganze Internet auf der ganzen Welt kaputt** gemacht wurde, von der Oma, aus Versehen. Ein solches Szenario ist in Wirklichkeit schwer vorstellbar. Aber was wir alle schon erlebt haben, dass das Internet zuhause oder in der U-Bahn plötzlich nicht mehr geht. Oder dass eine Internetseite nicht angezeigt wird, sich nur der Mauszeiger dreht oder eine Fehlermeldung (mehr oder weniger verständlich) ausgegeben wird. Auch dass E-Mails nicht mehr gesendet werden, hat jeder schon einmal erlebt.

Die Gründe dafür sind sehr vielfältig. Das kann von einer physischen Beschädigung eines wichtigen Kabels durch einen Bagger bei Bauarbeiten bis hin zu Stromausfällen in einem Rechenzentrum reichen. Oft ist aber nur ein Server oder Dienst abgestürzt und muss neu gestartet werden, dann läuft es wieder. Auch ein Programmierfehler oder Hackerangriff kann einen Server so blockieren, dass zum Bespiel ein Online-Shop nicht mehr erreichbar ist. Aber auch solche Ausfälle sind meist schnell behoben.

TELETEXT ODER DIGITALE PINNWAND

Interessanter sind die Definitionen des Internets in Marc-Uwes Geschichte. Die Oma vergleicht das Internet mit dem Teletext. Max, der Enkel, sieht im Internet eine Pinnwand, an die du alles mögliche dran heften kannst: Texte, Fotos, sogar Musik und Videos. Das zeigt ganz schön die Entwicklung des Internets und spiegelt die verschiedenen Generationen wieder.

Teletext, das muss die Oma ihren Enkeln noch erklären, das ist Fernsehen zum Lesen. Der Teletext oder Videotext wurde 1977 erstmals von ARD/Das Erste und dem ZDF vorgestellt. Parallel zum Fernsehprogramm konnten damit Textseiten übertragen und auf dem Fernsehgerät angezeigt werden. Zum Beispiel wurden aktuelle Nachrichten und die folgenden Sendungen präsentiert. Um die einzelnen Seiten aufzurufen, musste mit der Fernbedienung die dreistellige Seitennummer eingegeben werden.

Auch das erste Internet folgte diesem Prinzip. Nur wenige Organisationen betrieben einen Server und stellten Seiten ins Netz. Diese Seiten wurden aufgerufen und

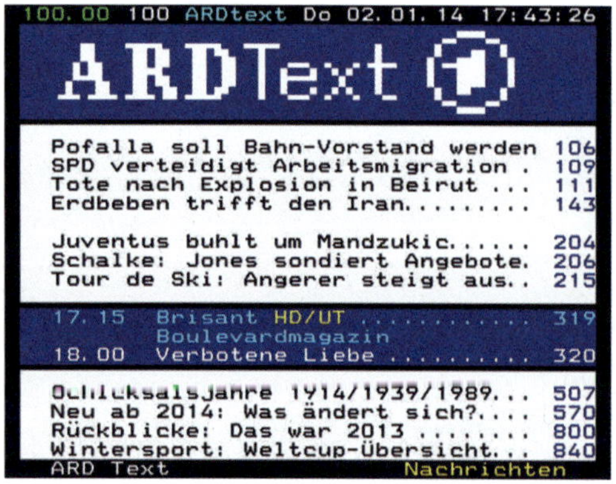

gelesen, so wie beim Fernsehen. Die Menschen konnten aber nicht mitmachen, das WWW war also nicht wirklich interaktiv.

Mit der Weiterentwicklung des Internets zum **Web 2.0** entstand das sogenannte „Mitmach"-Internet. Heute kann jeder selbst Texte, Bilder, Musik und Videos für alle Menschen der Welt im Internet präsentieren. Ob auf Facebook, YouTube oder einer eigenen Webseite. Viele Seiten und Apps lassen sich personalisieren; so kannst du dein eigenes Design (Layout, Farben, grafische Elemente) wählen und deine Interessen angeben. Dann bekommst du z.B. nur noch Borussia Dortmund Nachrichten im schönen gelb-schwarz Kontrast!

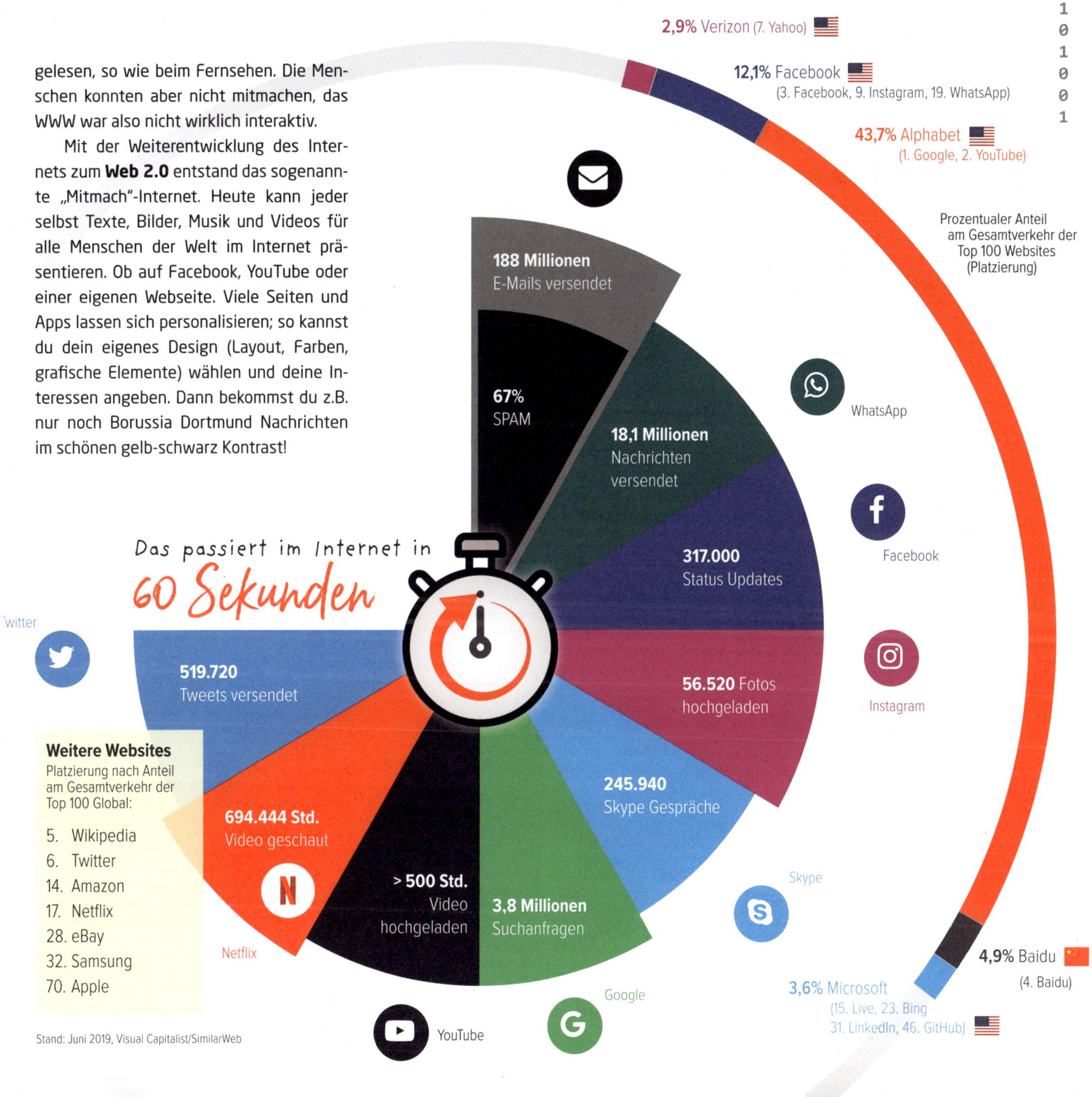

Stand: Juni 2019, Visual Capitalist/SimilarWeb

Sprechen

Telefonieren, VoIP

Chatten

WhatsApp

Skype (Microsoft)

Videokonferenz
Webinar

E-MAIL

Hotmail, Outlook (Microsoft), Gmail (Google), GMX, web.de, t-online, …

yahoo!

#1 bild.de
200 Mio. Besuche pro Monat

#2 t-online.de
153 Mio. Besuche

#3 spiegel.de
105 Mio. Besuche

Informieren

NEWS #5 focus
Nachrichten von Zeitungen und Fernsehsendern #4 yahoo!

LEXIKA Wikipedia – Die freie Enzyklopädie
Wikis, Wörterbücher, Nachschlagewerke

WERBUNG
Webseiten von Unternehmen und Organisationen

PRIVAT
Blogs, Kommentare und Bewertungen

Top 5 News Germany
Stand: 10/2019, SimilarWeb

CLOUD

Speicherplatz, Rechenleistung, Datenbanken, Anwendungen

Azure aws

Musik hören

Musik-Streaming
Apple, amazon, YouTube, Napster

Spotify

Videos ansehen

NETFLIX YouTube

Video-on-Demand
Netflix, amazon, Apple, Disney
Mediatheken: ARD, ZDF, etc.

Handeln
amazon
ebay
Online Shops
Amazon Marketplace
AirBnB, booking.com
Uber, ...
Kaufen und Verkaufen
E-COMMERCE
B2B-Plattformen
Spielen
GAMES
WoW
World of Warcraft,
Fortnite,
Minecraft
Teilen
facebook
SOCIAL MEDIA
LinkedIn (Microsoft),
XING, pinterest, Reddit,
Tumblr, Flickr, u.a.
IoT
Internet der Dinge
Industrie 4.0
Suchen
Google
Suchmaschinen
Bing (Microsoft)
Ecosia, Startpage
yahoo!
Werbung
Google Ads
Facebook Ads
Amazon Ads
Bezahlen
PayPal
Online Banking
Online Trading
Blockchain
Crypto-Währung
Bitcoin,
Libra (Facebook)

Piz

Kapitel 5

Kevins Garage

»Wie finden wir denn nun Herrn Bert?«, fragte Alice den Fuchs.
»Am besten in einer Garage im Halbleitertal«, war die sonderbare Antwort des Fuchses. Er sprang in eines der freien Pakete, die herumstanden. Alice tat es ihm geschwind nach. Und schon ging die Raserei wieder los. Langsam machte es Alice richtig Spaß, das war besser als jede Achterbahn.

Alice stellte sich das Halbleitertal vor, wie sich rechts und links lauter halbe Leitern stapelten. Alle Zäune waren aus halben Leitern gebaut. Mitten in diesem Leiter-Wirrwar standen Garagen mit Leiterwägen davor.

Nach kurzer oder langer Reise, Alice hatte jedes Zeitgefühl schon lange verloren, hielten sie vor einer unscheinbaren Garage. Der Fuchs klopfte ans Tor.
Ein Frettchen öffnete das Tor und schaute Alice neugierig an. »Ich bin Kevin und wer bist du?« Alice stellte sich vor.
»Komm rein, Alice. Kaffee gibt's da drüben. Musst nur das Knöpfchen drücken. Soft Drinks sind im Kühlschrank.«
Und schon saß Kevin wieder an seinem Arbeitsplatz. In der Garage standen viele Computer und Bildschirme. Einige Frettchen bastelten

an ihnen herum. Andere saßen davor und hackten Zahlen und Buchstaben in die Tastatur. Alice ging zur Kaffeemaschine. Dort standen andere Frettchen und unterhielten sich.
»Wir heißen alle Kevin, ist einfacher so!«, kicherten sie.
»Kaffee oder Coke?«

Alice verspürte das Bedürfnis, einmal frische Luft in die Garage zu lassen und auch die vielen Pizzakartons wegzuräumen, die sich unter den Tischen und auf den Computern türmten.
Laut sagte sie: »Und woran arbeitet ihr Kevins?«
»An diesem magischen Leerbuch! Wir schenken dir eins.« Mit großer Geste überreichte Kevin Alice ein blaues Buch.
»Vielen Dank!« Alice nahm das Buch. Sie war ein überaus wissbegieriges Kind und freute sich über dieses Geschenk. Sie hatte Lehrbuch verstanden und erwartete eine Art Schulbuch oder Lexikon.
»Welches Thema?«, wollte sie daher wissen, während sie das Buch aufklappte.
»Du kannst hineinschreiben, was du willst, zum Beispiel was du gerade machst oder was du gerne isst. Und du kannst lesen, was deine Freunde machen und essen!« Triumphierend sahen die Kevins Alice an.

Alice blickte ratlos auf die leeren Seiten in ihrer Hand und verstand nichts. Sie musste unbedingt Heribert finden!

»Kommt, wir machen alle zusammen ein Selfie, dann hat Alice ihren ersten Eintrag.« Gesagt getan. Kaum war das Foto auf der ersten Seite eingeklebt, erschienen daneben Unterhosen in rosa-grau, schwarze Leggins mit Goldnaht und Karpfen.
Das verwunderte Alice und sie fragte den Fuchs: »Hast du nicht alle Cookies entfernt?«
Die Kevins jubelten und erklärten ausgelassen: »Unsere neueste Erfindung: Gesichtserkennung. Wir vergleichen die Gesichter auf dem Selfie mit den Überwachungskameras des Schweins und bingo – Volltreffer! Tolle Farbe haben deine Unterhosen, passen perfekt zu deinen schönen Augen.«

Die Kevins waren so glücklich, dass Alice es ihnen nicht verübeln konnte. »Und wem nützt das?«, wollte sie nur wissen.
»Naja, in erster Linie uns und dem Schwein. Die Gänse bekommen jetzt noch weniger Gold und die Spinnen arbeiten sowieso für einen Hungerlohn! Aber wir sind die Gewinner, wir verdienen soviel Geld – wir wissen gar nicht mehr wohin damit. Willst du es sehen?«

»Nein, danke! Ich muss zuerst das Einhorn finden.«
»Dann viel Erfolg!«, wünschten die Kevins, aber es klang irgendwie nicht sehr ehrlich. Alice hatte das Gefühl, dass sie sagen wollten: »Dann beeil dich besser, denn wenn wir es zuerst finden, werden wir es kaufen.«

EIN TAL IN KALIFORNIEN, USA

Das Silicon Valley liegt in Kalifornien (USA) zwischen den Städten San Francisco im Norden und San José im Süden. Dort wurde das Internet nicht erfunden, aber sehr viele Firmen, die heute noch das Internet beherrschen, wurden dort gegründet oder haben dort ihren Firmensitz. Allen voran z.B. Apple, Google und Facebook.

Eine Geschichte ist dabei besonders zu erwähnen: zwei Studenten basteln in der Garage ihrer Eltern an einem Computer, der die Welt verändern wird. Steve Jobs und Steve Wozniak bauen in den 1980er den Macintosh und gründen die Firma Apple. 2007 machte Steve Jobs mit dem iPhone Computer mobil.

Dieser Mythos der **Startups** (Firmengründungen), die aus Garagen zu Milliarden schweren Technik- und Medien-Konzernen wurden, hat den kleinen Landstrich im Westen der USA berühmt gemacht. Eine besondere Rolle kommt hierbei auch der **Stanford Universität** zu. So wurden Studenten aktiv unterstützt, ihre eigenen Firmen zu gründen. Absolventen der Universität waren u.a. die Gründer von Google, Yahoo, Hewlett-Packard und Cisco Systems.

Ähnlich wie das nicht weit entfernte Hollywood, das zum Synonym der mächtigsten Filmstudios wurde und weltweit erfolgreiche Kinofilme produzierte, kommen auch aus dem Silicon Valley die neuesten Trends in Sachen Computer und Internet. Gleichzeitig kopiert die ganze Welt die Produkte und Dienstleistungen, die im Silicon Valley geboren wurden. Einer der ersten Sündenfälle war, als Bill Gates sich die grafische Oberfläche des Macintosh von Apple-Mitarbeitern bis ins Detail erklären ließ. Steve Jobs soll wutentbrannt dazwischengegangen sein. Dennoch veröffentlichte Microsoft kurze Zeit später das Betriebssystem Windows, das sich bis heute auf Büro-Computern und heimischen PCs fast eine Monopolstellung erarbeitet hat.

1954 **Transistor**

Der erste kommerziell erhältliche Silizium-Transistor von Texas Instruments. Bei seiner Vorführung wurde der Transistor an einen Schallplattenspieler angeschlossen und in heißes Öl getaucht, um die Hitzebeständigkeit des Silizium-Transistors zu beweisen.

1960er **IC**

Dieser NOR-Schaltkreis wurde für die Weltraummission Apollo entwickelt und eingesetzt. Durch den hohen Bedarf der NASA und des amerikanischen Militärs fiel der Preis für die Fertigung von ICs von ursprünglich 1.000$ auf nur noch 20$ pro Stück.

1971 **Mikroprozessor**

Der Mikroprozessor Intel® 4004 bestand aus **2.300** Transitoren. Dieses Bauteil wurde mit 16 Pins auf der Leiterplatte verlötet.

Schon gewusst?

Das Mooresche Gesetz besagt, dass sich die Anzahl der Transistoren pro Fläche alle 2 Jahre verdoppelt.
Gordon Moore behielt mit seiner Prophezeiung von 1965 bis heute recht.

Hintergrund: Silizium-Wafer. Eine Scheibe besteht aus monokristallinem Silicium (< 1mm) und dient als Grundplatte für elektronische Bauelemente, unter anderem für integrierte Schaltkreise (IC, „Chip").

Silizium ist ein Halbleiter-Element. Es leitet den Strom, anders als die meisten Metalle z.B. Kupfer, nicht immer, sondern nur unter bestimmten Vorraussetzungen (Dotierung mit Bor oder Phosphor). Wie du schon weißt, funktionieren Computer nur mittels Schaltern, die den Strom „an" und „aus" schalten. Nachdem man in den 30er bis 50er Jahren mit Relais und Elektronenröhren riesige Computer gebaut hat, die vergleichsweise langsam waren, aber sehr viel Strom benötigten, wurde erst durch die Erfindung des Transistors der Siegeszug der Computer ermöglicht. 1956 erhielten die Forscher W. Shockley, J. Bardeen und W. Brattain den Nobelpreis für Physik. Alle drei waren maßgeblich an der Entwicklung des Bipolartransistors beteiligt.

Den ersten **Transistor** aus Silizium entwickelte der Chemiker Gordon Teal 1954 bei Texas Instruments. Gleichzeitig arbeitete auch Morris Tanenbaum bei Bell Labs an einem Bipolartransistor aus Silizium, anstelle des bisher verwendeten Germaniums.

Da die Silizium-Transistoren hitzebeständig waren, interessierte sich sehr schnell das US-Militär für die neue Technik. Besonders duch die NASA und ihr Weltraumprogramm zur Mondlandung wurde der Einsatz von Transistoren bezahlbar.

Die Transistoren konnten zu logischen Schaltungen zusammengefasst werden und so schon komplexere Aufgaben rechnen. In den 60er Jahren gelang es dann, diese Schaltkreise in einem einzigen Bauelement von der Größe eines Fingernagels herzustellen. Die sogenannte ICs waren geboren: **Integrierte Schaltkreise**.

Schon kurze Zeit später wurden die ersten **Mikroprozessoren** eingeführt. Erst Tausende, dann Millionen, heute sogar Milliarden Transistoren auf einem einzigen kleinen Silizium-Chip. Führende Unternehmen in der Entwicklung der Halbleiter-Technologie waren damals Hewlett Packard und Xerox mit PARC und immer noch Motorola, Intel und AMD.

'enn der VW Käfer von 1971 über die letzten
4 Jahre mit einer Geschwindigkeit analog zum
ooreschen Gesetz weiterentwickelt worden wäre,
önnte man heute mit diesem Auto in Lichtgeschwindigkeit
0mal die Erde umrunden und würde dabei nur einen Liter
enzin verbrauchen. (nach Brian Krzanich, CEO Intel 2013-18)

Weltrekord

2019 **FPGA**

Der Virtex UltraScale+ VU19P hat die bisher meisten Transistoren: **35 Milliarden**. Ein Field Programmable Gate Array ist ein integrierter Schaltkreis (IC), in den eine logische Schaltung geladen werden kann. Der Transistorabstand liegt bei 16 nm. Entwickelt wurde er von Xilinx, hergestellt von TSMC in Taiwan.

1999 **CPU**

Der AMD Athlon K7 war der erste x86 Prozessor der 1 GHz Taktfrequenz erlaubte. Er besaß **22 Millionen** Transistoren im Abstand von nur noch 250 nm. Ein Central Processing Unit ist die zentrale Recheneinheit in jedem Computer.

1971 **Mikroprozessor**

Der Motorola 68020 ist der erste echte 32-Bit-Mikroprozessor und besteht aus **190.000** Transistoren. Die Transistoren hatten einen Abstand von 2.000 nm.

Vergleich: Ein menschliches Haar ist ca. 100.000 Nanometer (nm) dick. Somit hätten auf dem Durchmesser eines Haares 6.250 Transistoren mit 16 nm Platz.

SILICON VALLEY

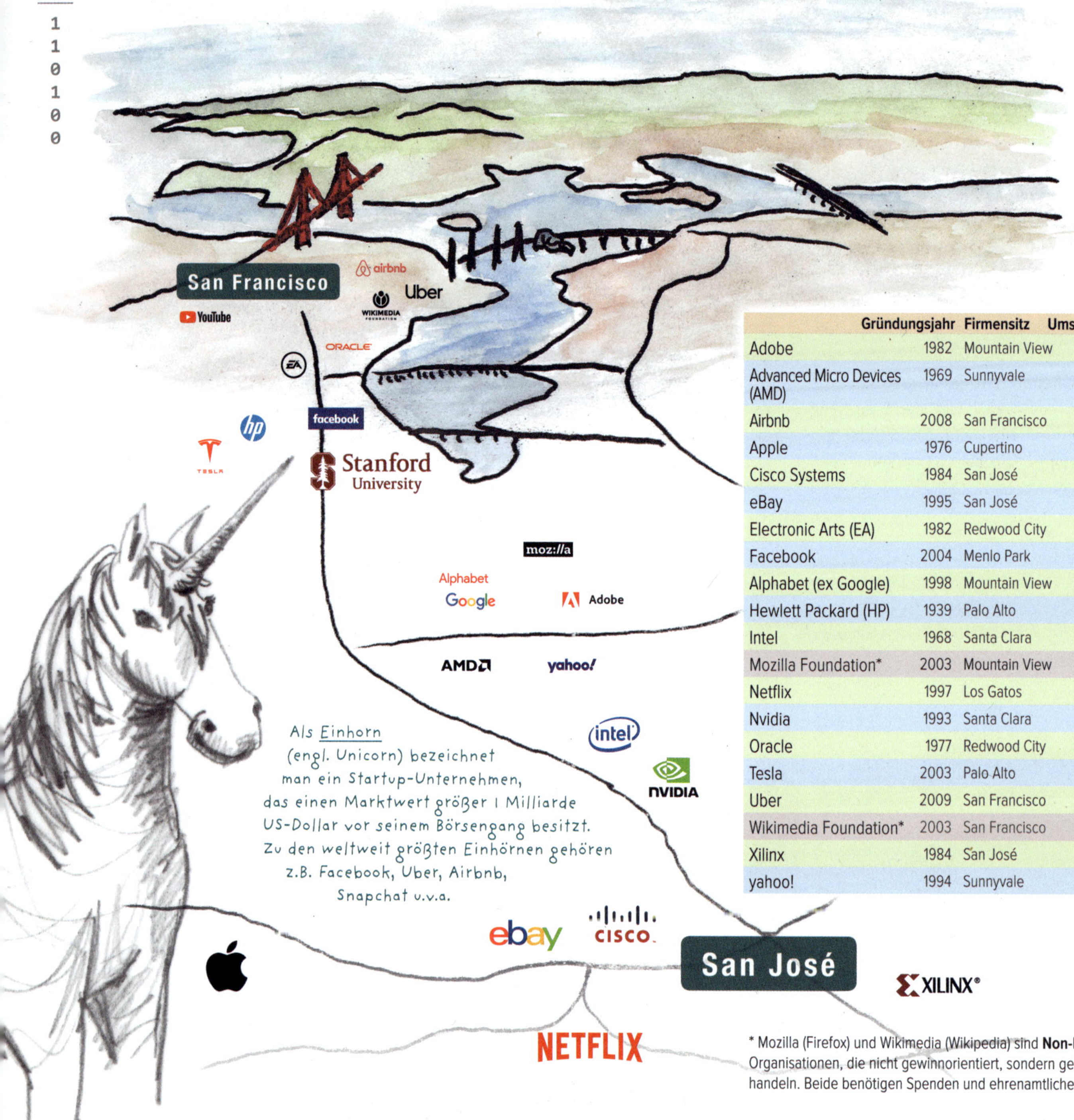

	Gründungsjahr	Firmensitz	Umsatz in USD
Adobe	1982	Mountain View	9,0 Mrd.
Advanced Micro Devices (AMD)	1969	Sunnyvale	6,5 Mrd.
Airbnb	2008	San Francisco	2,6 Mrd.
Apple	1976	Cupertino	265,6 Mrd.
Cisco Systems	1984	San José	49,3 Mrd.
eBay	1995	San José	10,8 Mrd.
Electronic Arts (EA)	1982	Redwood City	4,8 Mrd.
Facebook	2004	Menlo Park	55,8 Mrd.
Alphabet (ex Google)	1998	Mountain View	136,8 Mrd.
Hewlett Packard (HP)	1939	Palo Alto	52,2 Mrd.
Intel	1968	Santa Clara	55,4 Mrd.
Mozilla Foundation*	2003	Mountain View	0,5 Mrd.
Netflix	1997	Los Gatos	15,8 Mrd.
Nvidia	1993	Santa Clara	9,7 Mrd.
Oracle	1977	Redwood City	37,7 Mrd.
Tesla	2003	Palo Alto	21,5 Mrd.
Uber	2009	San Francisco	11,3 Mrd.
Wikimedia Foundation*	2003	San Francisco	0,1 Mrd.
Xilinx	1984	San José	2,2 Mrd.
yahoo!	1994	Sunnyvale	5,2 Mrd.

Als Einhorn (engl. Unicorn) bezeichnet man ein Startup-Unternehmen, das einen Marktwert größer 1 Milliarde US-Dollar vor seinem Börsengang besitzt. Zu den weltweit größten Einhörnern gehören z.B. Facebook, Uber, Airbnb, Snapchat u.v.a.

* Mozilla (Firefox) und Wikimedia (Wikipedia) sind **Non-Profit-Organisationen**, die nicht gewinnorientiert, sondern gemeinnützig handeln. Beide benötigen Spenden und ehrenamtliche Mitarbeit.

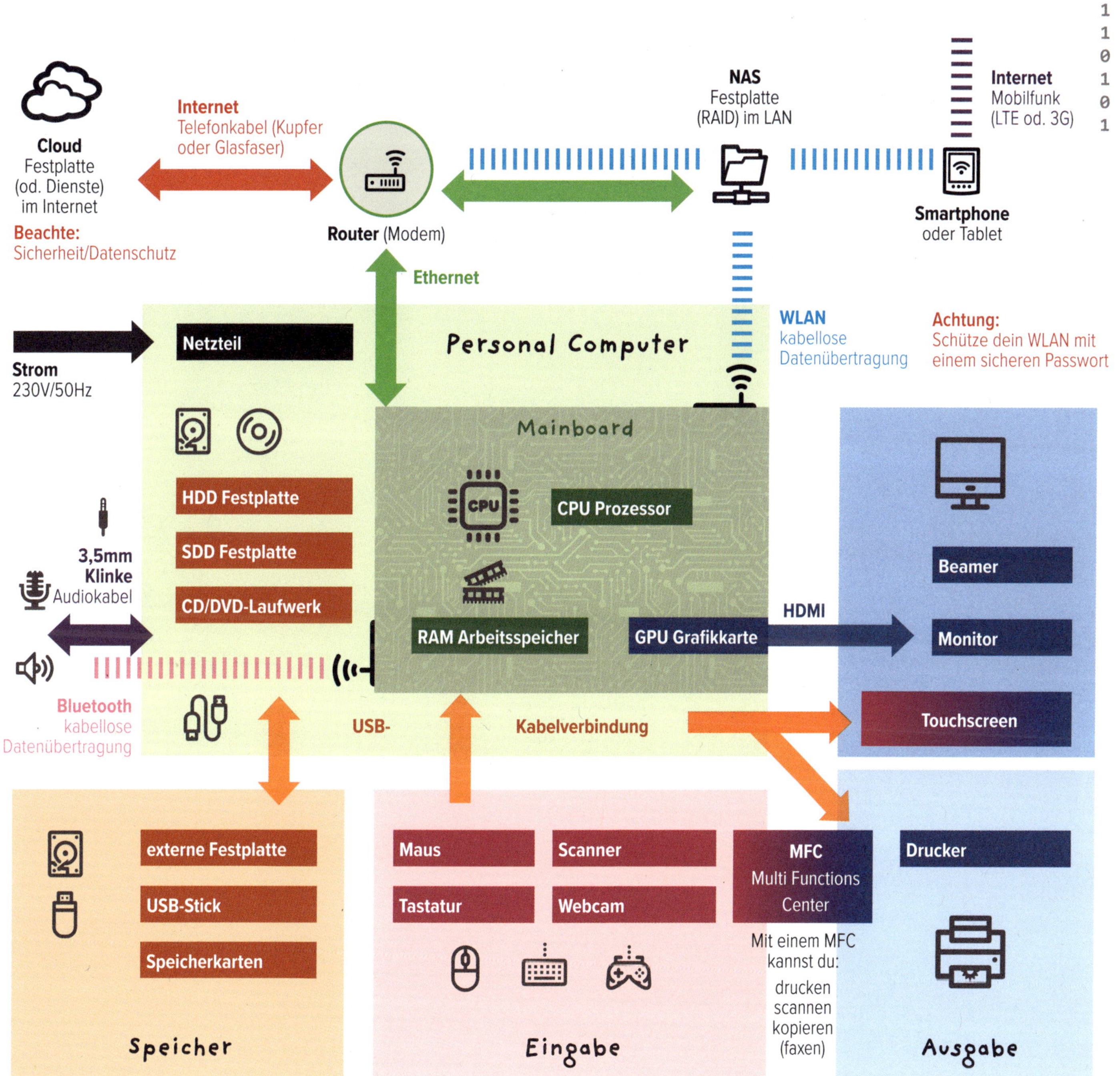
1
1
0
1
0
1
Cloud
Festplatte
(od. Dienste)
im Internet
Beachte:
Sicherheit/Datenschutz
Internet
Telefonkabel (Kupfer
oder Glasfaser)
Router (Modem)
NAS
Festplatte
(RAID) im LAN
Internet
Mobilfunk
(LTE od. 3G)
Smartphone
oder Tablet
Ethernet
WLAN
kabellose
Datenübertragung
Achtung:
Schütze dein WLAN mit
einem sicheren Passwort
Strom
230V/50Hz
Netzteil
Personal Computer
Mainboard
HDD Festplatte
SDD Festplatte
CD/DVD-Laufwerk
3,5mm
Klinke
Audiokabel
CPU
CPU Prozessor
RAM Arbeitsspeicher
GPU Grafikkarte
HDMI
Beamer
Monitor
Touchscreen
Bluetooth
kabellose
Datenübertragung
USB-
Kabelverbindung
externe Festplatte
USB-Stick
Speicherkarten
Speicher
Maus
Scanner
Tastatur
Webcam
Eingabe
MFC
Multi Functions
Center
Mit einem MFC
kannst du:
drucken
scannen
kopieren
(faxen)
Drucker
Ausgabe

Kapitel 6

Apfelbaum mit Schlange

Nicht weit von der Garage entfernt stand ein Apfelbaum auf der Wiese. Der Schatten darunter und die leckeren Früchte sahen so einladend aus, dass Alice dort kurz rasten und sich mit dem Fuchs beraten wollte. Alice biss in einen großen roten Apfel.
»Also bei den Frettchen war das Einhorn noch nicht«, stellte Alice fest. »Sollen wir vielleicht hier auf Herrn Bert warten?«

»Lügner«, wisperte es aus dem Apfelbaum. Rauschten die Blätter – hatte der Fuchs etwas gesagt? Alice blickte sich um.
»Die Kevins sind Lügner«, zischte es diesmal etwas lauter von oben. Alice konnte aber noch immer niemanden entdecken. »Das Einhorn war bei den Frettchen in der Garage. Heribert zählt noch das Geld. Eine Milliarde Dollar.«

Der Kopf einer Schlange erschien nun zwischen den Zweigen. Zum Beweis übergab die Schlange Alice eine Hand voll Fotos und Zeitungsartikel. Jetzt erblickte auch der Fuchs die Schlange und schnappte nach ihr. Doch die Schlange hatte ihn bereits mit ihrem langen Schwanz eingewickelt.

»Hör nicht auf sie«, stieß er röchelnd hervor. »Sie ist die Lügnerin.«

Alice warf der Schlange den angebissenen Apfel auf die Nase und verlangte bestimmt: »Lass meinen Freund, den Fuchs, sofort in Ruhe!«
Das wurde ja immer toller. Alice sehnte sich nach ihrer behaglichen Höhle zurück und der Ruhe, die sie dort genossen hatte. Mit all diesen Tieren war es kompliziert. Wem sollte sie trauen? Wer war echt? Da fiel ihr wieder das Leerbuch ein. Sie setzte sich und schlug es auf. Gleich nach dem Selfie und der Unterhosen-Werbung fand sie einen Eintrag von Herrn Bert. Er schrieb:
»Liebe Alice, du meine Retterin bist meine letzte Hoffnung.
Suche die echte Schildkröte und finde mich, bevor es zu spät ist.«

Das klang dramatisch! Wer würde sie nun zur echten Schildkröte führen? Die Schlange? Der Fuchs?
Alice stöhnte. »Ich möchte gerne die Schildkröte besuchen«, bemerkte sie schließlich wie nebenbei.

Sofort sprang der Fuchs auf und kramte seinen Kompass aus dem Fell hervor. Kurzer Blick.
»Wir müssen uns beeilen. Komm, schnell!«
Er packte Alice an der rechten Hand.

»Hier geblieben mein Kind«, sagte die Schlange und umschlang Alices andere Hand. »Du hast die echte Schildkröte schon gefunden.«

Die Lage war aussichtslos. Wie sollte Alice den beiden entkommen? Und wie ganz allein die Schildkröte finden? Da sah Alice eine Tür im Stamm des Baumes. Kurz entschlossen riss sie sich los und flüchtete durch die Tür.

GOOGLE IN ZAHLEN

SUCHMASCHINEN

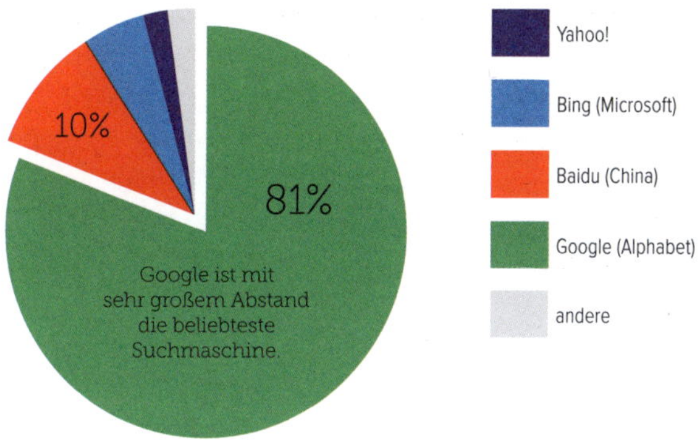

MOBILE BETRIEBSSYSTEME

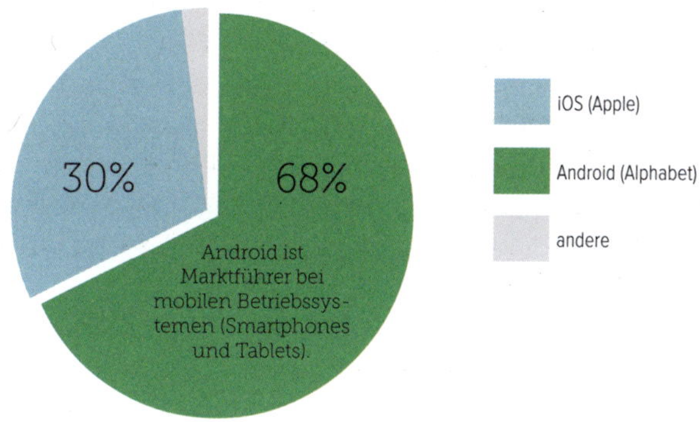

DIGITALE WERBUNG

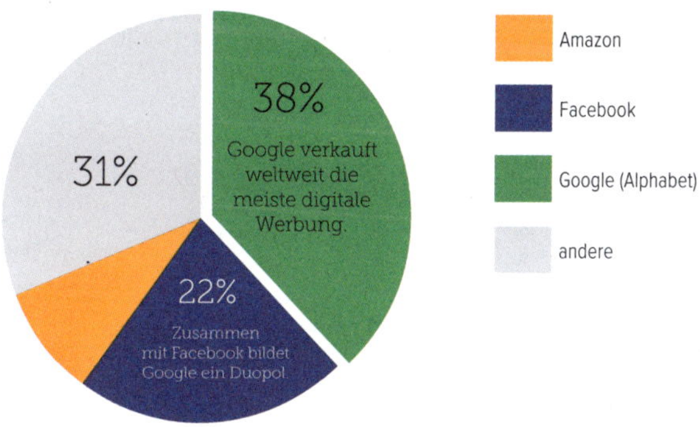

BROWSER

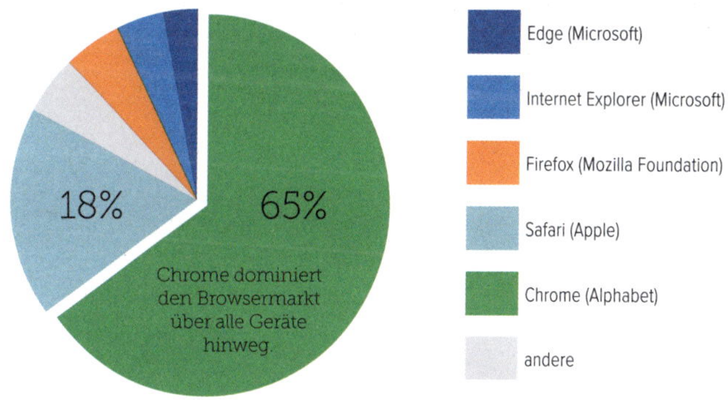

Stand: August 2019,
NetMarketShare.com

Alphabet ist seit 2015 Dachgesellschaft von Google und anderen Unternehmen. Die bestehenden Aktien von Google wurden im Verhältnis 1 zu 1 automatisch in Alphabet-Aktien umgewandelt. Der Sitz ist Mountain View im Silicon Valley. Die Gesellschaft wird von den beiden Google-Gründern Larry Page als CEO und Sergey Brin als Präsident geführt.

Google kennt jedes Kind. Du bestimmt auch. Etwas im Internet googeln ist zum stehenden Begriff dafür geworden, etwas im Internet nachzuschauen. Wenn du mit deinen Eltern über die globale Erderwärmung sprichst und den Anstieg des Meeresspiegels, so fragt ihr euch vielleicht, wie viele Menschen in Fidschi wohnen. Google kennt die Antwort: 2018 waren es laut Wikipedia 915.696 Einwohner.

Aber halt, Google kennt nicht die Antwort. Google ist eine Suchmaschine, das heißt, sie zeigt dir alle Seiten im Internet an, die ihrer Meinung nach eine Antwort auf deine Frage beinhalten. Du kannst das mit einem Schubladenschrank in deinem Zimmer vergleichen. Wenn deine Mutter mal wieder von dir verlangt aufzuräumen, so musst du dir zuerst einen sogenannten **Algorithmus** überlegen. Also ein Schema, nach dem du deine Spielsachen in die verschiedenen **Schubladen** einräumst. Du könntest dafür nach der Größe oder Farbe der Spielsachen vorgehen. Oder du entscheidest dich, die Sachen in logischen Einheiten zusammenzufassen. Alle Kleider für die Puppen in eine Schublade und alle Autos in eine andere. Darunter die Eisenbahnschienen, Lego-Teile und Playmobil.

Wenn du jetzt dein türkises Lieblingsauto suchst, weißt du, in welcher Schublade es ist. Da du dieses Auto öfters herausholst und auch wieder zurücklegst, findest du das Auto immer gleich vorne in der Schublade. Die alten Autos von deinem Vater, bei denen die Räder zum Teil fehlen, landen in der hintersten Ecke der Schublade.

Genauso funktioniert auch Google. Wenn du ein Kleid für deine Puppe suchst, findest du zuerst die Kleider, die du oft benutzt hast. Wenn du ein ganz bestimmtes

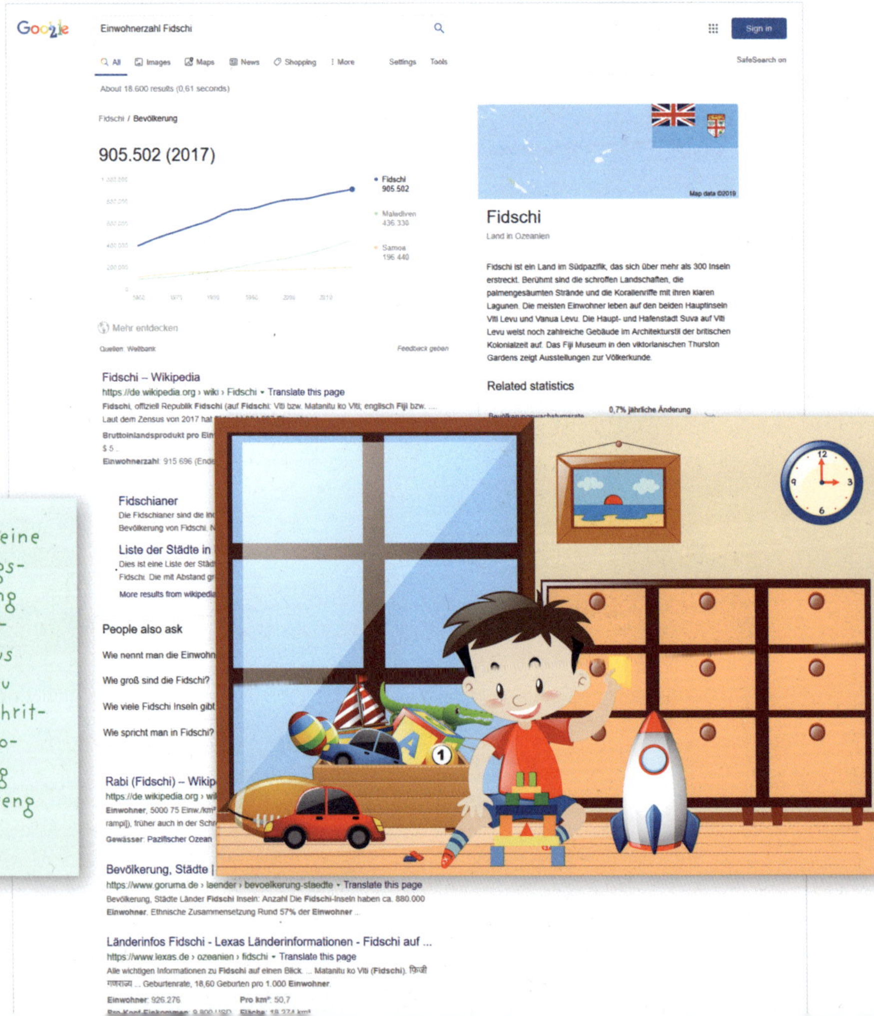

Schon gewusst?

Ein Algorithmus ist eine eindeutige Handlungsvorschrift zur Lösung einer Aufgabe. Algorithmen bestehen aus endlich vielen, genau definierten Einzelschritten. Der Google-Algorithmus wird ständig erneuert und ist streng geheim!

suchst, das du vielleicht letztes Jahr zu Weihnachten von Oma bekommen hast, musst du tiefer in der Schublade kramen. Wobei Google jetzt nicht mehr dein Kinderzimmer ist, sondern das ganze Internet. Und dein Lieblingskleid, das Lieblingskleid aller Menschen, die Google benutzen. Google merkt sich also, welche Seiten oft besucht wurden und welche Begriffe die Menschen häufig suchen. Diesen Vorgang nennt man auch bewerten, Google gibt den Seiten einen sogenannten **PageRank**.

Zurück zur Frage nach der Einwohnerzahl von Fidschi. Google öffnet seine Schublade, mit allen Seiten zum Thema Fidschi. Ganz vorne auf Platz 1 findest du die Seite von Wikipedia, diese hat den höchsten PageRank. Dahinter folgen rund 18.600 weitere Suchergebnisse.

Du kannst mit Google auch herausfinden, welches die Lieblingssuchanfragen aller Menschen sind, also welche Dinge in den Google-Schubladen ganz vorne einsortiert sind. So liefert der **Suchbegriff** „Donald" als erstes „Donald Trump" erst an Platz 2 folgt „Donald Duck". Deshalb solltest du möglichst genaue Angaben machen, sonst bekommst du ein falsches Ergebnis geliefert. Google weiß nämlich nicht was DU suchst, sondern nur, was die meisten Menschen gesucht haben. Also muss Google für deinen „Donald" (Duck) eine andere Schublade öffnen, wie für die allgemeinere Suche „Donald".

Aber schon wieder Halt! So einfach ist es dann doch nicht. Denn wenn du ein Google-Konto hast, speichert Google deine ganz persönlichen Vorlieben. Dann zeigt Google dir immer Bilder von Donald Duck, wenn aber jemand anderes Donald eingibt und z.B. Fan des Schauspielers Donald Sutherland ist, wird er nur Fotos von diesem angezeigt bekommen.

Google berücksichtigt auch, ob du mit deinem Computer oder mit dem Smartphone suchst. Sogar dein Standort hat Einfluß auf das Suchergebnis. So werden Ergebnisse in deiner Umgebung bevorzugt angezeigt. Das ist praktisch, wenn du Hunger hast und nach einer Pizzeria in der Nähe suchst.

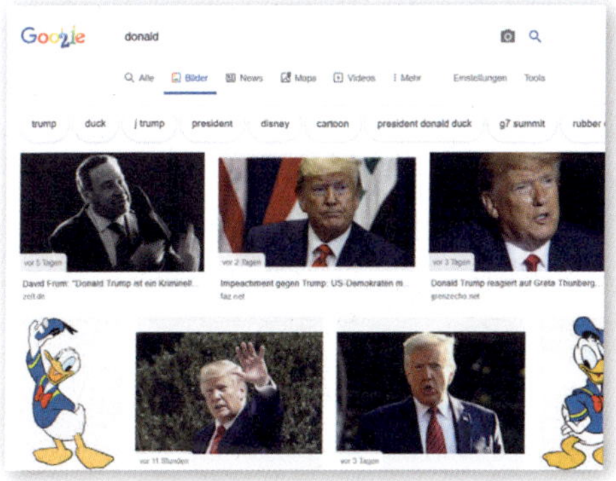

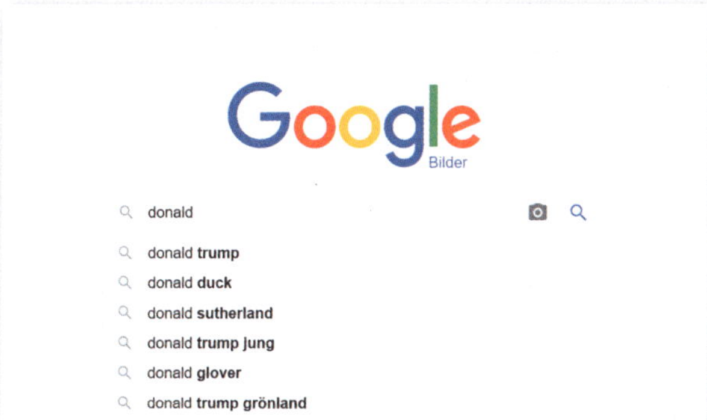

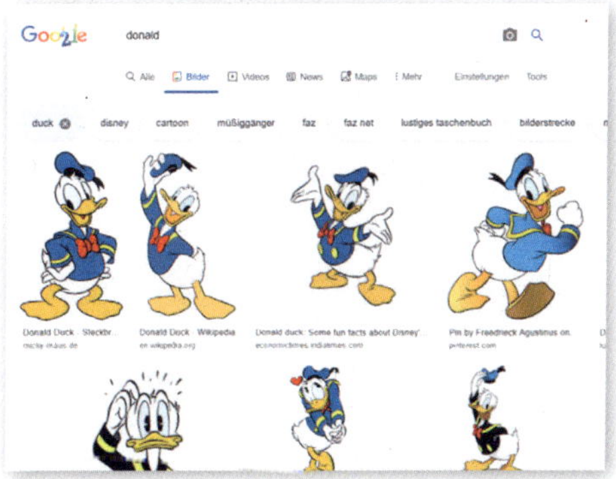

Tipp: Wenn du mehr als ein Suchwort eingibst, erhältst du bessere Ergebnisse. Du kannst auch eine ganze Frage eintippen!

DER BROWSER

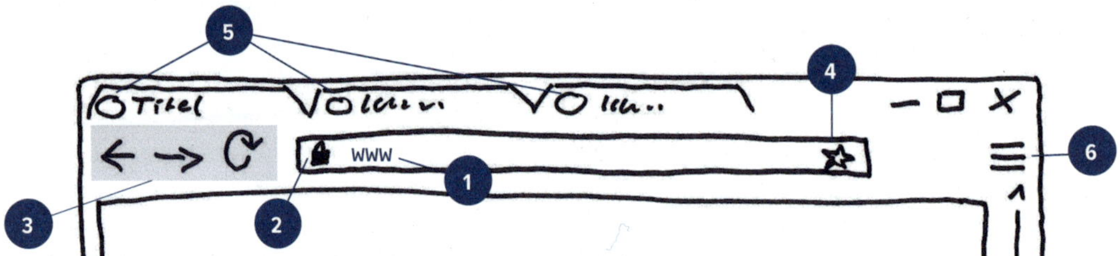

Installiere bitte immer eine aktuelle Version deines Lieblingsbrowsers, damit du sicher surfen kannst. Adblocker wie z.B. uBlock sind empfehlenswert, sie filtern unerwünschte Werbung und Tracker heraus.

Die BEDIENELEMENTE sind bei fast allen Browsern gleich:

1. **Eingabefeld** für die URL (Adresse der Webseite) oder des Suchbegriffs (für voreingestellte Suchmaschinen).
2. 🔒 **Symbol**: Achte auf dieses Symbol am Beginn des Adressfeldes für eine sichere Datenübertragung (Verschlüsselung); das Zertifikat muss gültig sein.
3. **Navigationselemente**: Eine Seite zurück, vor, Seite neu laden bzw. laden abbrechen.
4. **Lesezeichen** (Favoriten), zum Abspeichern wichtiger und oft besuchter Seiten.
5. **Tab**, auf deutsch „Reiter". Im Browserfenster können mehrere Webseiten gleichzeitig geöffnet werden. Über die Reiter kannst du einfach von einer zur anderen Seite springen.
6. **Menü** für weitere Funktionen und Einstellungen. Hier kannst du auch weitere Erweiterungen (Add-on, Plugin) installieren, z.B. Passwortmanager. So kannst du auf jeder Webseite bequem ein anderes, sicheres Passwort verwenden.

1993
NCSA Mosaic

Die Urmutter aller Browser. Als einer der ersten Webbrowser konnte der Mosaic nicht nur Text, sondern auch Bilder und interaktive Elemente darstellen. Einige der Entwickler von NCSA gründeten später **Netscape**. Microsoft erwarb 1994 eine Lizenz; somit gründeten auch die ersten Versionen des **Internet Explorer** auf Mosaic.

1994
Netscape Navigator

Bis etwa 1996 war der Netscape Navigator der führende Webbrowser. Netscape verlor im Browserkrieg mit Microsoft schnell Marktanteile an den Internet Explorer. Für die Versionen nach 4.x stellte Netscape 1998 den Programmcode seines Browsers unter eine Open-Source-Lizenz und gründete zur Koordination der Weiterentwicklung die **Mozilla** Foundation.

1995
Internet Explorer

Als fester Bestandteil des Betriebssystems Microsoft Windows baute der Internet Explorer seine Marktanteile kontinuierlich aus. Er war von 1999 bis 2011 Synonym für Browser und Quasi-Standard. Im März 2015 teilte Microsoft mit, dass die Weiterentwicklung des IE zugunsten des neuen Browsers **Edge**, der nur Windows 10 unterstützt, eingestellt werde.

DAS SUCHERGEBNIS

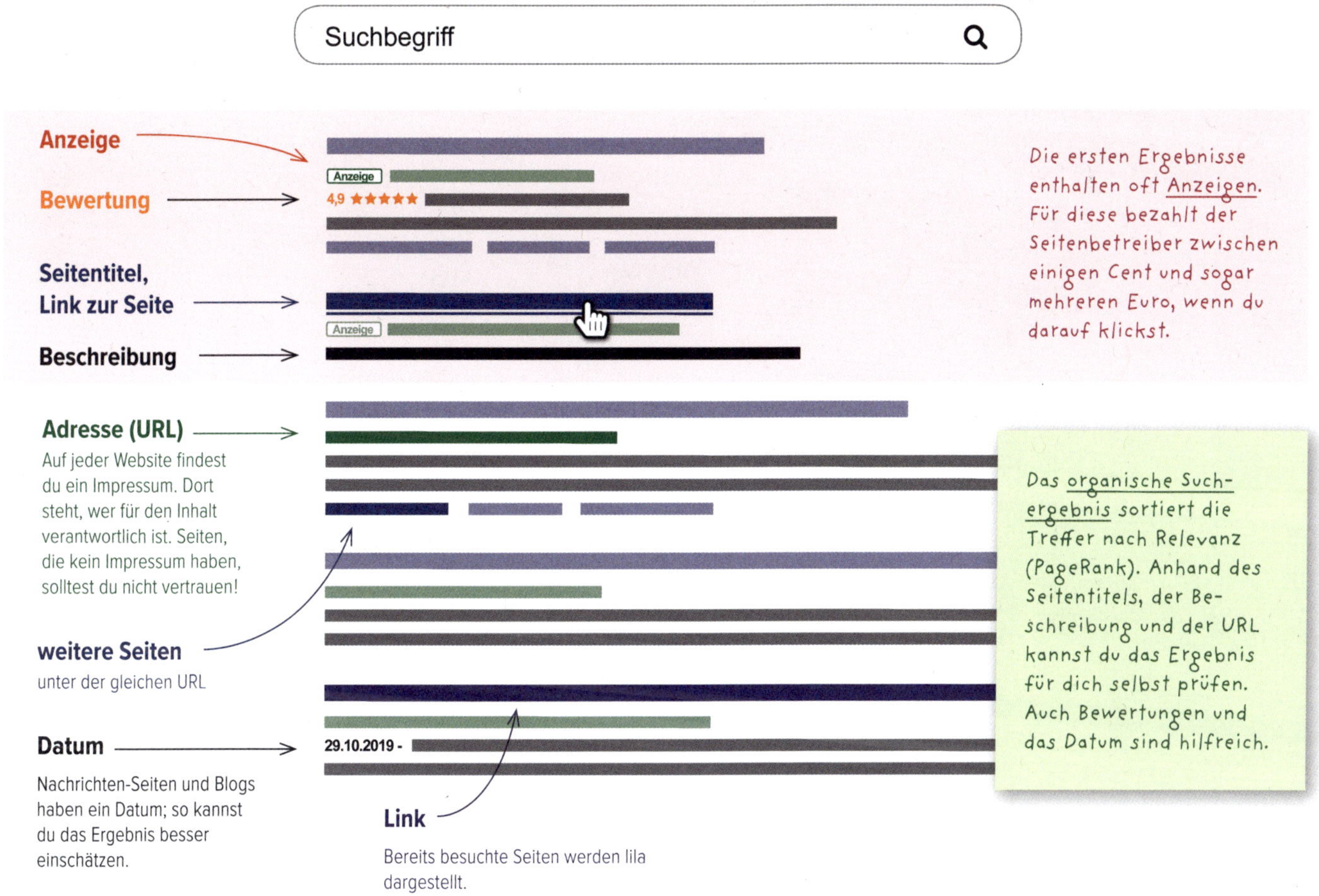

2002
Mozilla Firefox

Firefox ist ein freier Webbrowser des Mozilla-Projektes. Er wurde im September 2002 veröffentlicht und wird gegenwärtig in 86 Sprachen angeboten. Neben dem Ziel, einen möglichst schlanken und schnellen Browser zu schaffen, legten die Entwickler ihr Augenmerk auch auf Datenschutz und Sicherheit. Firefox bietet die Möglichkeit, verschiedene Erweiterungen (englisch Add-ons) zu integrieren.

2003
Safari

Safari ist ein Webbrowser des Unternehmens Apple. Er gehört zum Lieferumfang von macOS sowie iOS. Große Verbreitung erreichte Safari durch den Siegeszug des iPhone. Seine größten Marktanteile hat er daher in der mobilen Nutzung. Frühere Safari Versionen konnten auch auf Windows PCs installiert werden. Safari basiert auf dem **WebKit**, einer Open Source Web Browser Engine.

2008
Chrome

Google veröffentlichte 2008 den Webbrowser Chrome. Er ist für Windows, Linux, macOS, iOS und Android erhältlich. Anfangs war eine besondere Stärke des Browsers seine Geschwindigkeit. Seit 2015 hat allerdings der neu entwickelte Edge die Nase vorn; doch erfüllt Chrome die meisten HTML5-Standards. Chrome und Opera verwenden den von WebKit abgespaltenen HTML-Renderer **Blink**.

Kapitel 7

Wissen ist Macht

Alice stand in einem großen Raum voller Regale. Die Regale waren mit Büchern vollgestopft und reichten bis zur Decke. Sie war ganz allein und hatte auch etwas Angst. Die Stille war erdrückend und der Raum schien ihr mit jedem Schritt größer zu werden.
Plötzlich fiel ihr eine Strophe aus einem Kinderlied ein: »Wer nichts weiß, muss alles glauben.« Um sich Mut zu machen, fing sie an zu singen, und während sie singend weiterging, kam sie an einen Tisch, der im Raum stand.

Auf dem Tisch lag ein Buch, es war aufgeschlagen.
»Marie von Ebner-Eschenbach war eine österreichische Erzählerin«, las sie dort, daneben war ein Foto dieser Marie abgebildet. Außerdem standen dort viele weitere Aphorismen von 1893. »Was ist ein Aphorismus?«, dachte Alice. Da erhob sich das Buch und flatterte wie ein Schmetterling davon, gleichzeitig kam ein anderes Buch herangeflogen und legte sich vor Alice auf den Tisch.

> *»Aphorismen, da sie ein gebrochenes Wissen darstellen,*
> *laden die Menschen ein, weiter zu forschen.«*
> *~ Francis Bacon, The Advancement of Learning, 1605.*

Das war ja fantastisch. Alice fühlte sich wie bei einer Schnitzeljagd. Ein um das andere Buch kam und flog wieder davon.

Alice saß an dem Tisch und war ganz vertieft ins Studium. Die Bücher flatterten um ihren Kopf und zwischen den Regalen hin und her. Woher kam nur all dieses großartige Wissen? Konnte man überhaupt jemals etwas wissen? Oder vergrößerte sie nur ihr Unwissen? Mit jedem Satz, den Alice las, mit jeder Antwort, die sie fand, tauchten auch gleich mehrere neue Fragen in ihr auf.

Alice stand auf. Die Bücher verschwanden wieder in den Regalen. Sie ging weiter und dachte an die Worte aus ihrem blauen Leerbuch: »Finde die Schildkröte!«
Und tatsächlich, da war sie. Ein paar Schritte vor Alice saß die Schildkröte an einem Tisch und las.
»Wer behauptet, alles zu wissen, hat nichts verstanden. Wer wirklich etwas weiß, der weiß auch, was er alles noch nicht weiß.« Halblaut redete die Schildkröte wie mit sich selbst. Dann schloss sie ihre Augen und senkte den Kopf, als sei sie eingeschlafen.

Unvermittelt hob die Schildkröte den Kopf, blickte Alice direkt in die Augen und sagte mit Nachdruck: »Das Wissen der Welt du nur in Büchern wirst finden. Im Neuland jeder betrügen und fälschen kann.« Alice trat näher heran. »Grüß Gott, liebe Schildkröte. Weißt du etwas

über Herrn Bert? Ich möchte ihn so gerne wiedersehen.«
»Eine große Versuchung ihn zum Bösen führt. Das Wasser des Meeres ihn wird erlösen.« Diese Worte sprach die Schildkröte schon sehr, sehr langsam, und die Augen fielen ihr noch beim Reden wieder zu. Alice hatte sie kaum verstanden. Sie fragte noch ein paarmal nach, was dies zu bedeuten hätte, aber die Schildkröte antwortete nicht mehr. Schlief sie?

Alice blickte sich hilflos um. Ringsherum nur Bücher. Keine Tür. Niemand da. Sie lief umher und durchsuchte jeden Winkel. Es war zwecklos. Jetzt wusste sie, dass Herr Bert in ernsthaften Schwierigkeiten steckte, und die Schildkröte hatte ihr vielleicht auch die Lösung verraten. Auch wenn sie noch nicht verstand, was genau mit dem Wasser des Meeres gemeint sein könnte. Alice war unendlich traurig.

Sie setzte sich in eine Ecke und begann zu weinen. Niemals würde sie aus diesem Raum wieder herauskommen. Herr Bert wäre verloren. Dicke Tränen kullerten ihr über die Wangen. Salzige Tränen. Eine kleine Pfütze entstand.

Die Pfütze wurde größer und größer. Der Raum mit den Büchern verschwand und Alice schwamm in einem Meer aus Tränen. Sie saß auf einem Floß, oder war es ein Fels? Sie blickte sich verwirrt um. Da sah sie den Kopf der Schildkröte, und verstand plötzlich.
»Viel Glück ich dir wünsche auf deiner Reise!«, sagte die Schildkröte, als sie Alice am Ufer absetzte. »Folge deinem Herzen. Und das Einhorn mir grüße!«
Alice sah in der Ferne einen Berg, die Sonne stand schon tief. Sie lief auf beide zu.

1
0
0
0
1
1
0

Als Jimmy Wales und Larry Sanger am 15. Januar 2001 die erste Seite auf wikipedia.com veröffentlichten, konnte keiner ahnen, was für ein unglaubliches Lexikon einmal daraus entstehen würde. Der erste Eintrag war schlicht „**Hello World!**". Tatsächlich fanden sich überall auf der Welt Freiwillige, die Einträge auf Wikipedia verfassten und immer weiter verbesserten. Dabei ist Wikipedia kostenlos und wird nicht über Werbung finanziert. Der Betreiber der Website ist die Wikimedia Foundation mit Sitz in San Francisco, Kalifornien. Wikipedia ist auf deine Mitarbeit und Spenden angewiesen.

Das Ungeheuerliche von Wikipedia ist, wie die Einträge zu einer fachlichen Qualität reifen und dabei immer nachvollziehbar bleiben. Und das geht so: Wenn du zum Beispiel eine Hausarbeit über Bienen schreiben musst und auf Wikipedia zu dem Thema noch nichts findest, kannst du einen neuen Eintrag beginnen. Dort schreibst du alles was du z.B. zur Schwarmintelligenz des „Biens" weißt: *Der Bien ist ein historisch gewachsener Begriff für den Superorganismus des Bienenvolkes, in dem Honigbienen in Gemeinschaft leben, also alle Tiere eines Bienenstockes. Diese Gemeinschaft hat Fähigkeiten entwickelt, die die einzelne Biene nicht beherrscht.*[1]

Du musst zu jedem Eintrag **Quellen** benennen, diese werden immer am Ende des Artikels als Einzelnachweis, Literatur, Weblinks, u.a. angezeigt. Jeder andere Leser kann also deinen Eintrag überprüfen. Wenn jemand der Meinung ist, dass etwas falsch ist oder noch ergänzt werden sollte, kann dieser deinen Artikel bearbeiten. Auf diese Weise werden die Einträge bei Wikipedia von sehr vielen Menschen überall auf der Welt geschrieben. Wie der Bien ist also auch Wikipedia ein **Superorganismus**.

Unter den Quellenangaben findest du einen Hinweis darauf, wann dein Eintrag zuletzt bearbeitet wurde und wer die Autoren des Artikels sind. Daran kannst du ablesen, wie verlässlich der Artikel ist. Du kannst dir auch jeden einzelnen Bearbeitungsschritt anschauen und zum Beispiel nachlesen, was Ernst38 im Artikel über den Bien geändert hat. So sollen bewusste Manipulationen durch Organisationen oder Unternehmen verhindert werden. Außerdem gibt es bei Wikipedia Redakteure und Administratoren, die darüber wachen, dass gewisse Regeln eingehalten werden.

Wenn zum Beispiel ein Artikel von zwei Autoren immer wieder hin- und her verbessert wird, wird der Artikel erstmal zur Bearbeitung gesperrt und von Redakteuren geprüft. Administratoren können Artikel auch löschen oder ähnliche zu einem einzigen Artikel zusammenfassen.

Durch die vielen **Verlinkungen** innerhalb von Wikipedia kannst du dich sehr schnell und einfach in ein Thema einarbeiten. Du musst nicht in einer Bibliothek von Regal zu Regal laufen und in den Büchern von Seite 27 auf Seite 198 vorblättern. Ein Klick auf die blauen Begriffe (Links) und du wirst sofort zur Definition eines Superorganismus geleitet. Von dort gleich weiter zur kollektiven Intelligenz, auch Gruppen- oder Schwarmintelligenz genannt.

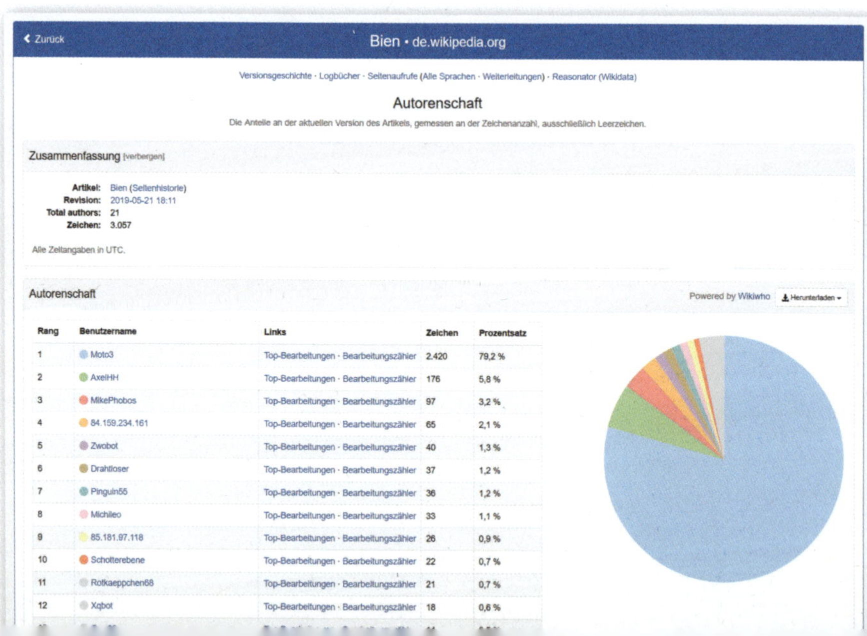

‹ Zurück

Bien • de.wikipedia.org

Versionsgeschichte · Logbücher · Seitenaufrufe (Alle Sprachen · Weiterleitungen) · Reasonator (Wikidata)

Autorenschaft

Die Anteile an der aktuellen Version des Artikels, gemessen an der Zeichenanzahl, ausschließlich Leerzeichen.

Zusammenfassung [verbergen]

Artikel: Bien (Seitenhistorie)
Revision: 2019-05-21 18:11
Total authors: 21
Zeichen: 3.057

Alle Zeitangaben in UTC.

Autorenschaft

Powered by Wikiwho Herunterladen

Rang	Benutzername	Links	Zeichen	Prozentsatz
1	Moto3	Top-Bearbeitungen · Bearbeitungszähler	2.420	79,2 %
2	AxelHH	Top-Bearbeitungen · Bearbeitungszähler	176	5,8 %
3	MikePhobos	Top-Bearbeitungen · Bearbeitungszähler	97	3,2 %
4	84.159.234.161	Top-Bearbeitungen · Bearbeitungszähler	65	2,1 %
5	Zwobot	Top-Bearbeitungen · Bearbeitungszähler	40	1,3 %
6	Drahtloser	Top-Bearbeitungen · Bearbeitungszähler	37	1,2 %
7	Pinguin55	Top-Bearbeitungen · Bearbeitungszähler	36	1,2 %
8	Michileo	Top-Bearbeitungen · Bearbeitungszähler	33	1,1 %
9	85.181.97.118	Top-Bearbeitungen · Bearbeitungszähler	26	0,9 %
10	Schotterebene	Top-Bearbeitungen · Bearbeitungszähler	22	0,7 %
11	Rotkaeppchen68	Top-Bearbeitungen · Bearbeitungszähler	21	0,7 %
12	Xqbot	Top-Bearbeitungen · Bearbeitungszähler	18	0,6 %

[1] Seite „Bien". In: Wikipedia, Die freie Enzyklopädie. Bearbeitungsstand: 21. Mai 2019, 18:11 UTC. URL: https://de.wikipedia.org/w/index.php?title=Bien&oldid=188814031 (Abgerufen: 16. Oktober 2019, 08:11 UTC)

Der Aufstieg der Internetenzyklopädie Wikipedia wird vielfach als eindrucksvoller Beleg für die Schwarmintelligenz angesehen.

Oh Schreck! Schon wieder so ein unaussprechliches Fremdwort: Was ist denn nun eine **Enzyklopädie**? Zum Glück gibt es Wikipedia. Schnell nachgelesen: *Eine Enzyklopädie, früher auch aus dem Französischen: Encyclopédie (griechisch ἐγκύκλιος παιδεία enkyklios paideia, „Grundausbildung, allgemeine Erziehung"), ist ein besonders umfangreiches Nachschlagewerk. (…) Es wird eine Zusammenfassung des gesamten Wissens dargestellt.*[2]

Hier werden also die wichtigsten Merkmale zusammengefasst. Der **Schwarm**, das sind jetzt einmal wir Menschen, alle Menschen auf der Welt. Und obwohl jeder von uns nur über ein sehr begrenztes Wissen verfügt, kann doch jeder Mensch an jedem Ort der Welt auf das Wissen der gesamten Menschheit zugreifen. Ist das nicht fantastisch?! Das Internet ermöglicht also jedem Menschen, egal welcher Herkunft, mit Hilfe des Schwarms (engl. Crowd) seine Intelligenz und sein Allgemeinwissen auszubilden und zu verbessern.

Diese Möglichkeit gründet gleichzeitig auf **Arbeitsteilung und Zusammenarbeit**. Klingt erstmal paradox. Funktioniert aber in der Natur und auch beim Menschen sehr gut. Unseren Wohlstand, Erfindungen, Kunst und Kultur, haben wir ausschließlich diesem einfachen aber doch sehr wirkungsvollen Mechanismus zu verdanken. Indem nicht jeder sich selbst um Nahrungsbeschaffung sorgen muss, sondern wir Landwirte und Lebensmittelgeschäfte haben, können manche Menschen sich ganz der Forschung widmen oder Kinder erziehen. Durch die Zusammenarbeit von Bauer und Lehrer, Arzt und Beamter oder Maler und Ingenieur entsteht mehr, als jeder einzelne schaffen könnte.

Mittlerweile gibt es durch das Internet viele weitere und weltumspannende Crowds, die gemeinsam Probleme lösen, Computerprogramme entwickeln (Open Source) und sogar eine Schokoladenfabrik in Ghana finanzieren (Crowd Funding).

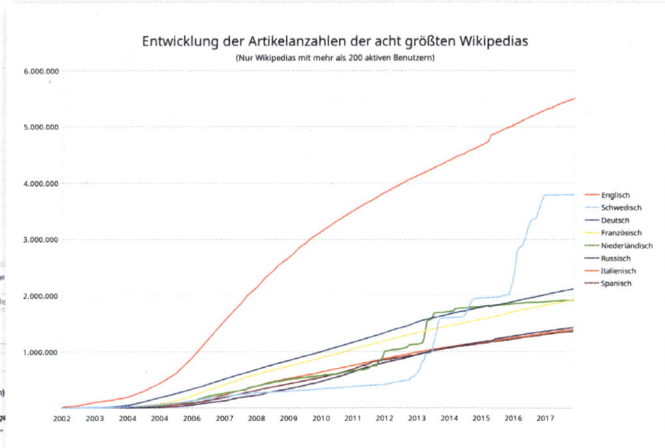

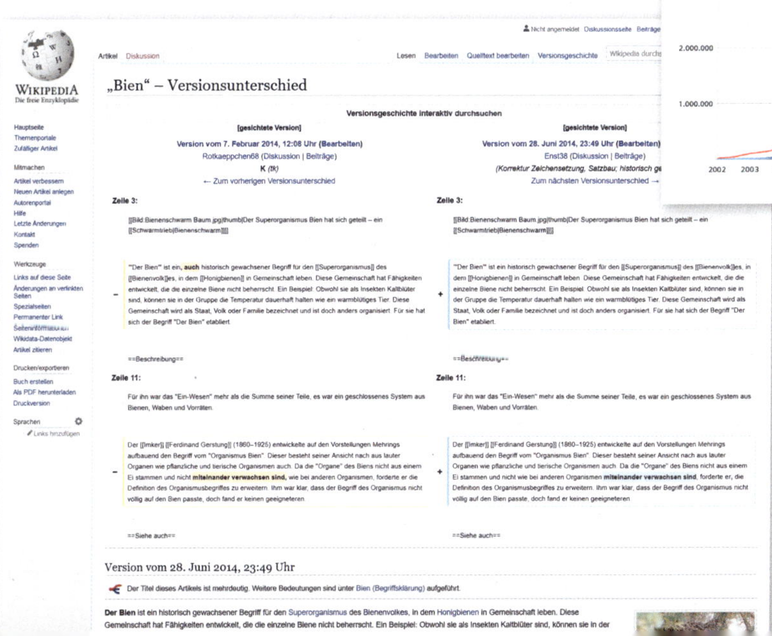

Anders als herkömmliche Enzyklopädien ist Wikipedia frei. Es gibt sie nicht nur kostenlos im Internet, sondern jeder darf sie unter Angabe der Autoren und der freien Lizenz kopieren und verwenden.

[2] Seite „Enzyklopädie". In: Wikipedia, Die freie Enzyklopädie. Bearbeitungsstand: 12. Oktober 2019, 18:54 UTC. URL: https://de.wikipedia.org/w/index.php?title=Enzyklop%C3%A4die&oldid=193071738 (Abgerufen: 16. Oktober 2019, 08:12 UTC)

» Das meiste, das wir **heute** Kindern in der Schule beibringen, wird **morgen** völlig irrelevant sein!

Yuval Noah Harari
Autor und Historiker

Gegenwärtig konzentrieren sich viel zu viele Schulen darauf, die Schüler mit Informationen vollzustopfen. In der Vergangenheit war das sinnvoll, weil Information knapp war, und selbst das Durchsickern vorhandener Informationen wurde immer wieder mittels Zensur blockiert. (...)

Im 21. Jahrhundert dagegen werden wir von Unmengen an Informationen überflutet (...).

In einer solchen Welt ist ein Mehr an Informationen so ziemlich das Letzte, was ein Lehrer seinen Schülern vermitteln muss. Die Kinder haben ohnehin schon viel zu viel davon. Stattdessen benötigen Menschen die Fähigkeit, **Informationen zu interpretieren**, zwischen wichtig und unwichtig zu unterscheiden und vor allem viele Informationsstückchen zu einem umfassenden Bild der Welt zusammenzusetzen.

aus **21 Lektionen für das 21. Jahrhundert**
#19 BILDUNG, S. 341-344

Kindgerechtes Lernen, das zu nachhaltigem Begreifen führt, wird in der Schule leider wenig gefördert. Hier wird viel zu viel auswendig gelernt und innerhalb kürzester Zeit auch wieder entsorgt, wodurch der Unterrichtsstoff nie wirklich als bleibendes Wissen verinnerlicht wird. Viele Eltern und Lehrer glauben irrtümlicherweise, Auswendiglernen führe zu guten Noten und bestandene Prüfungen garantierten Kompetenzen.

Nachhaltiges Lernen besteht jedoch darin, dass durch **eigenständige Erfahrungen** neues Wissen und neue Fähigkeiten mit vorhandenem Wissen und vorhandenen Fähigkeiten verknüpft werden.

aus **Lernen geht anders** – Bildung und Erziehung vom Kind her denken
Das Kind als lernendes Wesen, S. 65

Kindgerechtes Lernen besteht darin, eigenständige Erfahrungen zuzulassen! «

Remo H. Largo
Kinderarzt und Autor

KUNST

Werte, Überzeugungen, unabhängiges Denken, Teamgeist, Sorge für Andere. Dies gehört zu den weichen Faktoren. Wissen wird uns das nicht beibringen. Daher denke ich, wir sollten unsere Kinder **Sport, Musik, Malerei, Kunst** lehren – um sicherzustellen, dass jeder Mensch anders ist. Alles was wir lehren, sollte uns von Maschinen unterscheiden. Wenn die Maschine es besser kann, müssen wir uns Gedanken machen.

Erziehung ist heute eine riesengroße Herausforderung. Wenn wir die Art des Unterrichtens nicht ändern, werden wir in 30 Jahren ein Problem haben. Wie und was wir unsere Kinder lehren, war Gegenstand der letzten 200 Jahre – die Lehre war wissensbasiert. Auf diese Weise können wir unseren Kindern nicht beibringen, wie sie mit Maschinen konkurrieren können. Sie bleiben uns überlegen. Wir müssen unseren Kindern etwas **Einzigartiges** beibringen, so dass eine Maschine uns nie einholen kann.

Jack Ma
Unternehmer und Gründer von Alibaba

Love is important in business

VIDEO TIPP
http://massel.net/kW24

Ich bedaure, dass viel zu wenig **Kunst, Musik und Sport** unterrichtet wird – weil das sind die wesentlichen Fächer in der Schule, die die Kreativität der Kinder so stark beeinflussen wie nichts sonst. Kinder, die sportlich sind, die Musik machen, die Lust haben Theater zu spielen, etwas zu malen – bildende Kunst... – das werden Gehirne sein, die in **Zukunft** auf Fragen, die noch keiner weiß heute, entsprechend reagieren können.

Harald Lesch
Astrophysiker und Fernsehmoderator

VIDEO TIPP
http://massel.net/5Mt8

Die Welt in 100 Jahren

Kapitel 8

Tanz um den Zuckerberg

Alice entdeckte Heribert ganz oben auf einem Berg. Er schien wie auf Wolken zu schweben. Sein Horn, keck gen Himmel gereckt, leuchtete in der Sonne, die direkt hinter ihm groß und rot untergehen wollte. Der Berg bestand vollständig aus Zuckerwatte. In der süßen Masse klebten Bonbons und weiße Mäuse, Lollis, Gummibärchen und Lakritze. Um den Berg herum tanzte eine ausgelassene Prozession. Alice sah viele junge Leute, aber auch ein paar Kinder und vereinzelt sogar ältere Personen. Sie alle stierten in kleine Bildschirme, die sie vor sich hertrugen, und bewegten sich wie im Rausch.

Die Menge schrie abwechselnd: »Oh wie süß!« und »Wie geil ist das denn?« Und während Alice das verrückte Treiben beobachtete, wurden die Menschen immer dicker und dicker. Manche waren schon so fett, dass sie wie Kugeln – kopfüber, kopfunter, hast du nicht gesehen – um den Berg herumrollten.

Alice wollte zu Heribert hinaufklettern, aber das Zuckerzeug gab keinen Halt, und Alice rutschte immer wieder ab. »Schreien ist sowieso zwecklos«, dachte sie, denn die Rufe der Tänzer wurden immer hysterischer. Alice überlegte fieberhaft, wie sie Heribert auf sich aufmerksam machen könnte. Nur das Einhorn würde die

Menschen zur Vernunft bringen. Da sah sie einen kleinen Spiegel auf der Erde liegen. Sie nahm ihn auf und spiegelte das Licht der untergehenden Sonne. Der Lichtstrahl traf Heribert mitten ins Gesicht und blendete ihn. Er versuchte, das Licht zu vertreiben, und hüpfte herum, wie wenn er einen Tanz aufführen wollte.

Die Menschen bemerkten das tanzende Einhorn und machten es ihm noch wilder nach. Dabei wuchsen ihnen mehrere Arme, mit denen sie gleichzeitig Süßigkeiten in sich hineinstopften, ihre Geräte bedienten und sich dabei unaufhörlich selbst fotografierten. Durch die Tritte des Einhorns verwandelte sich auch der Berg unter ihm. Aus dem Zuckerzeug wurden Babys, Kätzchen und Hunde. Schließlich war der ganze Berg ein lebendiges Knäuel. Die Babys weinten, die Katzen miauten und die Hunde bellten. Heribert, der immer noch von Alice geblendet wurde, begann nun damit, die Wesen zu verschlingen.

Als die tanzenden Menschen sahen, dass das Einhorn Katzen, Hunde und sogar Babys fraß, wurden sie schlagartig still und totenbleich.

Dann begannen alle, entsetzt aufzuschreien und so schnell sie konnten davonzulaufen.

Die sozialen Medien wurden ursprünglich erfunden, um Menschen besser miteinander zu verbinden. Dies klappte in den ersten Jahren auch sehr gut. **Im Kreis der Familie** war es jetzt plötzlich möglich, Fotos von der Skipiste ins Wohnzimmer der Großeltern zu schicken. An Silvester konnte man allen Verwandten mit einer einzigen WhatsApp ganz einfach ein „Gutes Neues Jahr" wünschen. Und wenn man einmal einen Geburtstag zu vergessen drohte, erinnerte einen Facebook daran, noch schnell der Cousine im Ausland zu gratulieren.

Soweit so gut. Doch die Gruppen wurden schnell größer, und ihre Anzahl wuchs ebenso. Jetzt gilt es nicht mehr nur in der Familie den richtigen Ton zu treffen, jetzt tummeln sich in jedem Handy politische Aktivisten neben Arbeitskollegen, Schulfreunde und Kunden, Werbeabteilungen von Unternehmen genauso wie die Kameraden vom Sportverein. Neben diesem großen Durcheinander an sehr unterschiedlichen **Gruppen** entstand gleichzeitig die extreme Gegenbewegung, sogenannte **Blasen**. In diese flüchteten sich viele, oft weil sie die Vielfalt der anderen überforderte. In den Blasen war es dann wieder schön gemütlich. Man kennt sich, hat die gleichen Meinungen und bestärkt sich darin gegenseitig.

Wie im echten Leben vergleichen wir uns auch im Internet immerzu mit unseren Nächsten. Wir ärgern uns über die, die vermeintlich mehr haben als wir: Die Glücklichen, die Reichen, die Gesunden, die Geselligen, die Bunten, die Freien. Neid ist eine der stärksten Triebfedern des Menschen. Und was, wenn keine Chance besteht, Weihnachten auf den Malediven im Badeanzug mit einem Cocktail in der Hand zu posieren? Dann werden Kommentare schon mal gehässig oder man verbündet sich mit Gleichgesinnten. Oder man macht sich lustig. Oder scheinheilig: liked das Foto, schickt Smileys und Herzen und wünscht den Verfasser still und heimlich zum Teufel.

All dies ist sehr menschlich. Deshalb heißen diese Portale oder Dienste, die unsere **menschlichen Gefühle** zum Ausdruck bringen zu Recht „Social Media".

Die beliebtesten Social-Media-Kanäle
Aktive Nutzer in Millionen

Stand: April/Juli 2019,
we are social/Statista

Social Bots (von engl. Robot) sind Programme, die menschliches Verhalten vortäuschen und in sozialen Medien automatisiert Nachrichten verbreiten, kommentieren und liken können.
Dazu werden realistisch wirkende Profile mit Foto, Einträgen und Freunden erstellt, die selbst auch anderen Bots und Menschen folgen. Für normale Benutzer ist es kaum mehr erkennbar, ob ein Beitrag bei Facebook, Instagram oder Twitter von einer echten Person stammt oder von einer Maschine.

Die Technik hinter Facebook & Co. kostet viel Geld und verbraucht sehr viel Energie. Die Firmen, die das zur Verfügung stellen, wollen keine bessere Welt erschaffen oder dich persönlich glücklich machen, die wollen nur Geld verdienen und ihren Aktionären hohe Gewinne bescheren. Hätte Jesus ein soziales Netzwerk erfunden, er wäre damit pleite gegangen (gekreuzigt worden). Aber die Regeln für dieses Netzwerk wären ganz einfach gewesen und könnten auch heute für dich und mich gewinnbringend sein: **Poste über deinen Nächsten nur, was du auch über dich selbst teilen würdest.**

Zu kompliziert? Großes Problem heute sind Cybermobbing und Hate Speach. Also auf deutsch: üble Nachrede im Internet und gehässige Sprache. Natürlich kann dich der andere tierisch nerven, so dass du ihm am liebsten auf die Fresse hauen würdest. Im echten Leben trauen sich das die wenigsten, aber online und dann vielleicht noch anonym? So kann dich das Opfer ja nicht zurückschlagen. Toll, hau drauf! Aber überleg mal, du könntest auch sehr schnell Opfer sein. Wie würdest du dich fühlen?

Viele vergessen auch, dass das Internet **kein rechtsfreier Raum** ist. Auch im Internet gelten unsere Gesetze, das Grundgesetz und auch die Menschenwürde. Klar, eine freie Meinungsäußerung ist und muss immer möglich sein, aber du solltest zu dieser Meinung mit deinem echten Namen stehen und dich nicht hinter einer Maske verbergen. Im echten Leben genauso wie im Internet. Wer in Kommentaren unter einem Pseudonym „die Sau rauslässt", ist feige und hat meist keine wahren Argumente. Solchen Leuten solltest du aus dem Weg gehen und du darfst ihnen keinen Glauben schenken!

#hashtag
Schlagwort, das dazu dient, Nachrichten mit bestimmten Inhalten oder zu bestimmten Themen in sozialen Netzwerken leichter auffindbar zu machen.
Hashtag ist eine Komposition aus den englischen Wörtern „hash" und „tag", wobei es sich bei hash um das englische Wort für das Doppelkreuz (#) handelt und tag für Markierung steht.

Facebooks kometenhafter Aufstieg zu einem der wertvollsten Unternehmen der Welt ist eine dieser Startup-Geschichten, die man kaum für möglich hält. Der Student Mark Zuckerberg erfand ein digitales Poesie-Album für Studenten. Er nannte seine Website „**TheFacebook**“ und begann 2004 im Harvard Kirkland Wohnheim seine Freunde einzuladen, die ihre Freunde einluden.

Nach einem halben Monat waren bereits die Hälfte aller Harvard Studenten bei „TheFacebook“ registriert. Noch im selben Jahr weitete sich die Gemeinschaft auf die Universitäten Yale, Columbia und Stanford aus. Später konnten sich auch andere Studenten, die eine E-Mail-Adresse einer amerikanischen Hochschule hatten, anmelden.

Ab 2006 wurde das soziale Netzwerk offen für alle in den USA und dann nach und nach auf andere Länder ausgeweitet. Mittlerweile hat das Netzwerk über 2 Milliarden Nutzer weltweit.

Obwohl Mark Zuckerberg in den ersten Jahren beteuerte, dass Facebook werbefrei bleiben würde, musste er irgendwann ein Geschäftsmodell vorlegen, mit dem seine Risiko-Kapitalgeber Gewinne erwirtschaften könnten. Also kam sie doch, die Werbung, auf Facebook – und ein Börsengang. Danach begann die Einkaufstour, zuerst 2012 **Instagram** für 1 Milliarde US-Dollar. Finanzexperten und Facebook-Fans konnten es kaum glauben, aber Instagram entwickelte sich prächtig und beschert dem Facebook-Konzern stetiges Wachstum, vor allem in der werberelevanten Zielgruppe der 14-29-jährigen. Für insgesamt 19 Milliarden US-Dollar kaufte Facebook dann 2014 auch noch **WhatsApp**.

Im Mai 2019 gründete Facebook zusammen mit Visa, Mastercard, PayPal und Uber das **Libra Netzwerk**, mit Sitz in der Schweiz. Ziel ist es, ein eigenes digitales Zahlungsmittel zu etablieren, den Libra, mit dem Facebook-Kunden überall auf der Welt online bezahlen können. Allerdings soll diese „Währung“ nicht wie der Bitcoin von der Gemeinschaft oder wie bei Euro und Dollar von Staaten kontrolliert werden, sondern allein von den beteiligten Firmen.

FACEBOOK ALS POLITISCHES MITTEL

Ganz nebenbei wurde Facebook zu einer enormen politischen Macht. Das bekannteste Beispiel waren die Proteste in Ägypten. Facebook diente im arabischen Frühling als Plattform, über die sich die Demonstranten organisieren konnten.

Inwieweit Facebook auch die US-Wahl Donald Trumps beeinflußte, ist schwer zu belegen. Der Cambridge Analytica Skandal und auch die Aktivitäten von russischen Seiten, Bots und Dark Posts geben Anlass, an der Unschuld der sozialen Medien zu zweifeln.

#

„Facebook wurde ursprünglich nicht als Unternehmen gegründet. Es wurde gebaut, um eine soziale Mission zu erfüllen – die Welt offener und vernetzter zu machen."

Mark Zuckerberg

Nutzungsbedingungen

Du darfst Facebook nur nutzen, wenn du dort denselben Namen verwendest, den du auch im täglichen Leben verwendest. Du darfst nur ein einziges Konto (dein eigenes) erstellen. Allerdings darfst du Facebook und Instagram nicht nutzen, wenn du unter 13 Jahre alt bist. WhatsApp Wenn du in einem Land in der Europäischen Region lebst, musst du mindestens 16 Jahre alt sein.

https://www.facebook.com/legal/terms
https://www.whatsapp.com/legal

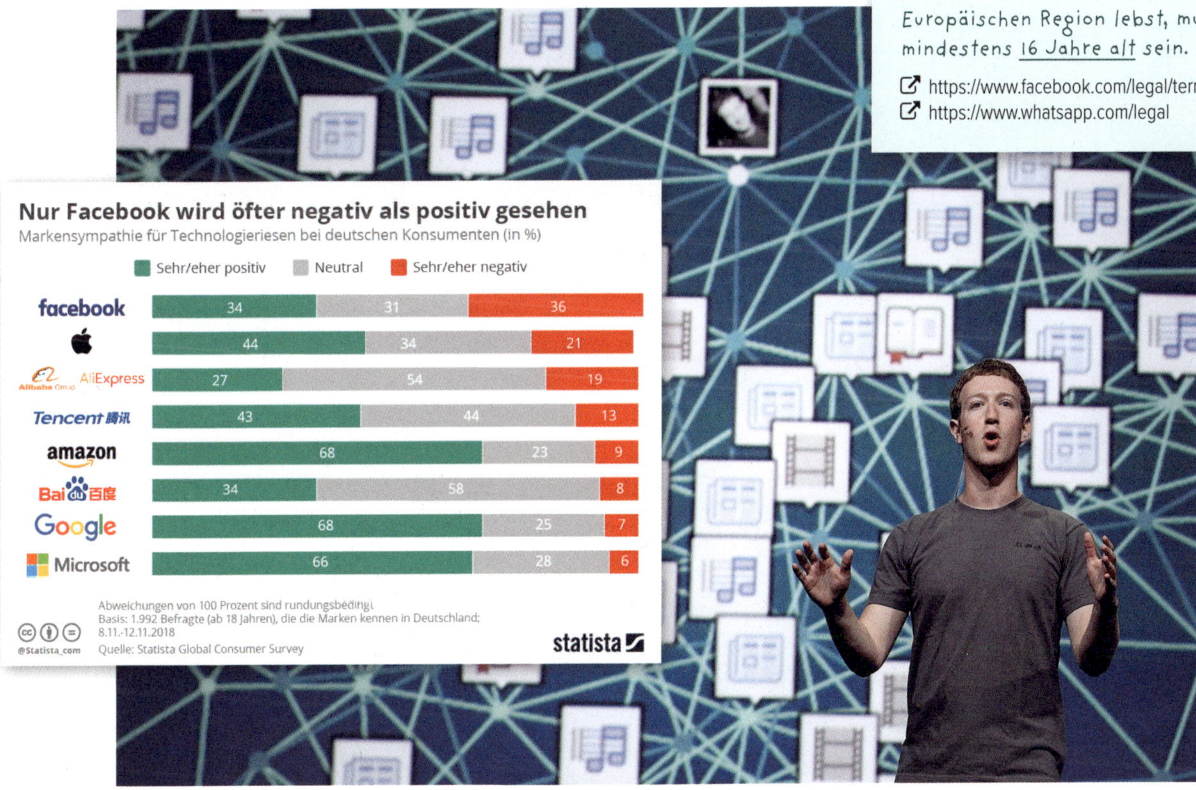

Kapitel 9

Ritt auf dem Einhorn

Zurück blieben Alice und ein riesengroßes Einhorn. Heribert hatte den ganzen Berg aufgegessen. Jetzt war es Alice, die ihm nur noch bis zum Knie reichte. »Herr Bert! Herr Bert!« rief sie nun, so laut sie konnte. »Endlich habe ich Sie wiedergefunden!« Während sie versuchte, die Vorderläufe des Einhorns zu umarmen, musste sie sich vor den Hufen des Einhorns in Acht nehmen, um nicht zertreten zu werden.
»Mir ist schlecht«, jammerte Heribert und hielt sich den Bauch. Er fühlte sich wie der böse Wolf nach der Mahlzeit der sieben Geißlein. »Außerdem kitzelt mich etwas an den Vorderläufen.«

»Das bin ich, Herr Bert! Alice aus der Höhle, erinnern Sie sich nicht an mich? Ich habe Sie aus dem Felsen befreit.«
Da endlich entdeckte Heribert das Mädchen und senkte seinen Kopf in ihre Richtung. Die Spitze des Einhorns kam auf Alice zu gesaust und sie konnte sich gerade noch flach auf den Boden werfen, sonst wäre sie geköpft oder aufgespießt worden.
»Warum liegst du denn flach auf der Erde, mit dem Gesicht nach unten?« fragte Heribert verdutzt, als er Alice so da liegen sah.
Alice stand auf und klopfte sich den Staub von ihrem Kleid.
»Wow, nicht schlecht, so gefällst du mir gleich viel besser, kleines Fräulein.«

Heribert, der Alice nun zum ersten Mal angezogen erblickte, nickte anerkennend mit dem Kopf. »Dein Kleid gefällt mir und das Violett steht dir wirklich sehr gut!«
»Herzlichen Dank, der Herr!«, erwiderte Alice artig und machte einen Knicks. Ein ganz klein wenig errötete sie auch dabei. »Und was machen wir nun?«, fragte sie. »Es wird schon dunkel, die Sonne ist gerade untergegangen.«

Heribert packte das Mädchen ganz vorsichtig mit seinen weichen Lippen und warf es mit einer schwungvollen Bewegung des Kopfes auf seinen Rücken. Dort machte Alice es sich bequem und hielt sich an seiner weißen Mähne fest.
»Jetzt besuchen wir die Karo-Königin.« Mit diesen Worten setzte sich Heribert in Bewegung, erst im Schritt, dann im Trab und schließlich galoppierte er mit Alice in die beginnende Nacht hinein.

Alice erzählte dem Einhorn sofort die ganze verrückte Begegnung mit der Schildkröte. Was diese gesagt und wie sie sie über das Meer gebracht hatte. Schließlich schlief Alice ganz erschöpft auf dem Rücken des Einhorns ein.

Kaufen und Verkaufen über das Internet ist einfach und bequem. Jeder kennt z.B. amazon und eBay. Mit wenigen Mausklicks kannst du dir das Kleid in der gewünschten Farbe und Größe aussuchen und in den virtuellen Warenkorb legen. Oft wird es bereits am nächsten Tag geliefert. Die Preise beim **Online-Shoppen** sind meist auch günstiger als im Laden und es gibt viele Rabatt-Aktionen, Gutscheine oder Sonderangebote.

Das Verkaufen ist dank eBay und Amazon Marketplace schnell und kinderleicht. Ob dies nun gebrauchte Gegenstände sind oder Neuwaren. Wer online verkauft, kann deutschlandweit, ja sogar in Europa oder der ganzen Welt, Kundschaft finden. Gleichzeitig steht er aber auch im weltweiten Wettbewerb.

Nachdem Amazon fast die Hälfte des gesamten Onlinehandels ausmacht und eines der wertvollsten Unternehmen der Welt geworden ist, lohnt sich ein kritischer Blick: Wer profitiert und wer verliert? In Sachen **Preis und Verfügbarkeit** gewinnt der Kunde natürlich, zumindest auf den ersten Blick. Leidtragende sind die Umwelt (Klima), die Paketzusteller und die Ladenbesitzer in deiner Region.

Bedenke, dass die Wirtschaft wie die Natur in Kreisläufen funktionieren sollte. Dann geht es einer Region und am Ende dir selbst gut. Wenn du in einem Laden in deiner Stadt einkaufst, so bleibt das Geld auch zu einem großen Teil in deiner Stadt. Du ermöglichst dem Ladenbesitzer, dass er seinen Kindern ein Eis kaufen oder einen Handwerker aus der Nachbarschaft beauftragen kann. Außerdem bezahlt der Verkäufer Steuern, die für Kindergärten, Schulen und Spielplätze in deiner Region verwendet werden. Auch Schwimmbad, Bücherei, Sportplatz und Radwege benötigen Steuergelder.

Wenn du bei Amazon einkaufst, fließt das meiste Geld in sogenannte **Steueroasen** und macht den reichsten Mann der Welt (Jeff Bezos, 2018 lt. Forbes Liste) noch reicher. Der Paketbote aber, der den ganzen Tag hart gearbeitet hat, verdient nicht genug Geld für eine anständige Wohnung, gesundes Essen und die Ausbildung seiner Kinder.

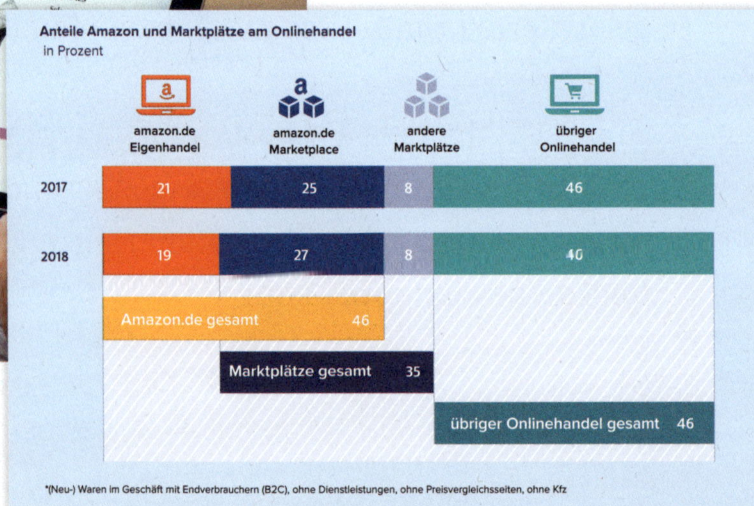

HDE ONLINE-MONITOR 2019:
53,3 Milliarden Euro setzte der deutsche Onlinehandel im Jahr 2018 um.

Fast jede Website verwendet sogenannte **Cookies**, das sind kleine Codes oder Textschnipsel, die dem Webseitenbetreiber etwas über den jeweiligen Besucher verraten können. Seitdem die EU die Datenschutzgrundverordnung im Mai 2018 in Kraft gesetzt hat, wirst du beim Besuch der allermeisten Webseiten mit einem Warnhinweis auf diese Cookies hingewiesen. Die „Kekse" sind für viele Seiten technisch notwendig, zum Beispiel überall, wo du dich mit einem Benutzernamen und Passwort anmeldest. Das Cookie merkt sich deine Logindaten und du musst dich nicht jedesmal wieder neu anmelden.

Viel fragwürdiger sind sogenannte **Werbetracker**, die Informationen über dich auch auf fremden Webseiten sammeln, z.B. wenn du dich auf einer Nachrichtenseite informieren willst. Viele Firmen im Internet haben sich darauf spezialisiert, möglichst viele Daten zu sammeln. Diese Datenkraken haben meist nur ein einziges Ziel: Sie wollen mit deinen Daten viel Geld verdienen. Dazu quetschen sie alle Spuren, die du beim Surfen im Internet hinterlässt (z.B. Cookies), wie eine Zitrone aus und verkaufen den Saft teuer an andere Firmen.

Das Ergebnis: du bekommst viele E-Mails und Anrufe von Leuten, die dir etwas verkaufen wollen. Du siehst im Internet viel Werbung. Oft ist die Werbung gar nicht als Werbung erkennbar. Es sieht so aus, als ob dein bester Freund dir etwas empfiehlt. Oder du plötzlich etwas gewonnen hast! Aber Vorsicht: Niemand verschenkt etwas einfach so. Meistens handelt es sich um eine Falle, und am Ende hast du viel Geld – im besten Fall nur Lehrgeld – bezahlt.

Tracker sind meistens Javascript Dateien, die im Hintergrund alle deine Aktionen bis hin zu Mausbewegungen und Klicks überwachen. Die Informationen über dich werden in einer Datenbank des Werbeunternehmens gespeichert. Um dich auch auf anderen Webseiten zu identifizieren, bedienen sich Tracker individueller Merkmale, Benutzerkonten und sogenannter LSOs oder **Super-Cookies**, die permanent lokal gespeichert werden oder wie HTTP-Cookies von Seite zu Seite weitergereicht werden.

Diese Form der Werbung funktioniert auch auf Seiten, die du noch nie zuvor besucht hast.

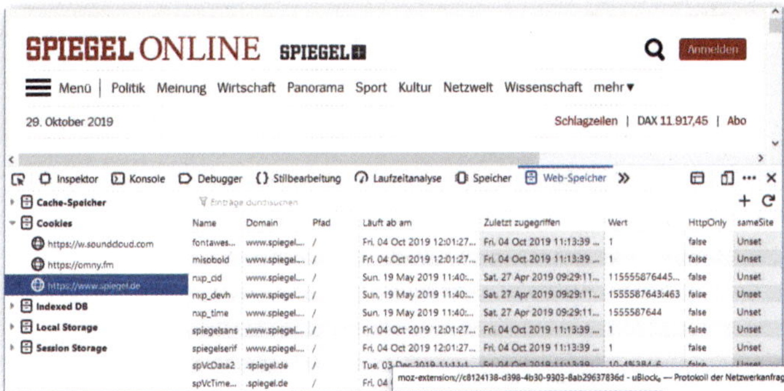

Cookies kannst du dir mit dem Webinspektor anzeigen lassen. Drücke dazu die Taste F12, das funktioniert mit den meisten Browsern.

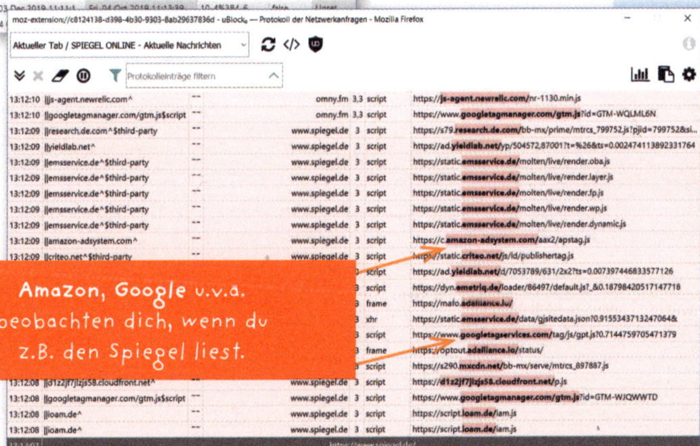

Amazon, Google u.v.a. beobachten dich, wenn du z.B. den Spiegel liest.

Das Browser-Plugin uBlock Origin blockiert externe Skripte (Werbetracker, u.a.).

Kapitel 10

Alice geht baden

Als Alice wieder aufwachte, war sie ganz allein. Sie lag am Strand. Das Meer rauschte. Alice stand auf und atmete tief die frische Seeluft. Der Wind zerzauste ihr das Haar. Wo war nur Herr Bert geblieben? Während sie so dastand und überlegte, die warmen Sonnenstrahlen genoss und die Brise um ihre Nase, sah sie plötzlich einen Hufabdruck neben sich im Sand. Die Spuren kamen von den Dünen und führten an Alice vorbei direkt ins Meer. Es war ganz eindeutig. Das Einhorn musste sie hier abgelegt haben und war dann ins Meer gegangen. Können Einhörner schwimmen? Und wo war es jetzt? Hatte das etwas mit der Prophezeiung der Schildkröte zu tun? »Das Wasser des Meeres ihn erlösen wird.«

Oder sollte sie vielleicht wieder ein Bad nehmen? Es könnte nicht schaden, dachte Alice. Die Sonne brannte inzwischen vom Himmel. So zog sie ihr Kleid aus und watete ins Wasser. Schon nach den ersten kräftigen Schwimmzügen erschien vor ihr im Wasser ein riesiges Horn. »Herr Bert!« jubelte Alice. Doch statt des Einhorns tauchte ein weißer Narwal vor Alice auf.

»Sind Sie Herr Bert?« Alice konnte die Enttäuschung in ihrer Stimme nicht verbergen. Was war denn das nun schon wieder?

»Immer noch Heribert, liebe Alice!«, antwortete der Narwal freundlich. Und dann erzählte er seine ganze Geschichte. Wie er sich ins Meer gestürzt hatte und als Wal alle Babys, Katzen und Hunde wieder nach Hause gebracht hatte. Wie er jedes Lebewesen unversehrt an Land gespuckt hatte. Ende gut alles gut. »Nur ein Pferd wäre ich doch lieber geblieben«, schloss er seine Erzählung.

Alice tätschelte ihm tröstend den Kopf. »Ja, das verstehe ich gut. Ist doch recht nass hier!« Da passierte es wieder, dass Alice das Horn des verwandelten Einhorns berührte und sofort begann es in allen Farben des Regenbogens zu leuchten. Im selben Moment standen sie wieder in der Höhle. Alice war nackt und das Einhorn klein wie ein Hündchen.

Aus dem Felsgang vor ihnen kullerte ein Apfel. Heribert verspeiste ihn genüsslich. Sofort begann das Einhorn zu wachsen. Heribert hatte nun die genau richtige Größe eines Pferdes.

AUSGESCHLOSSEN IM REALEN

Mobbing betrifft das soziale Verhalten von Menschen, die zusammen leben, arbeiten oder ihre Freizeit verbringen. Der Autor dieser Zeilen ist weder Soziologe noch Psychologe, dürfte also aus fachlicher Sicht nichts zu diesem Thema zu sagen haben. Er kann weder als Opfer oder Täter aus eigener Erfahrung berichten. Das Thema hat auch nichts mit dem Internet direkt zu tun. Mobbing ist ein uraltes und immer noch aktuelles Phänomen, das aber durch das Internet verstärkt werden kann. Dann spricht man von Cybermobbing.

Vielleicht sollten wir uns zuerst zwei andere Begriffe anschauen, um uns dem Schreckgespenst „Mobbing" von hinten zu nähern. **Gruppenzwang und Selbstbewusstsein**. Jeder möchte in seinem sozialen Umfeld geachtet und geliebt werden, in der Familie genauso wie im Sportverein, in der Schule, auf der Arbeit oder im Freundeskreis. Eine Strategie ist dabei, dass wir das Verhalten der Gruppe nachahmen, um unsere Zuneigung zu zeigen und um von den anderen respektiert zu werden. Das beginnt beim Lausen der Affen und führt heute dazu, dass alle ein möglichst angesagtes Smartphone streicheln. Von Kleidung bis Wortwahl versuchen wir uns der Gruppe anzugleichen, ihre Anführer nachzuäffen. Oder sie sogar zu übertrumpfen, um selbst ein höheres Ansehen in der Gruppe zu erlangen.

Dieses Verhalten ist ganz natürlich und funktioniert bei den meisten sozialen Lebewesen sehr gut. Der Mensch hätte aber noch andere Möglichkeiten. Er könnte sich vom Zwang befreien und seinen eigenen Weg beschreiten. Doch obwohl in Werbung, Fernsehsendungen und Ratgebern die **Individualität** gefeiert wird und alle sich selbst verwirklichen, bleibt der Wunsch normal zu sein. Und das bedeutet eben: so wie die anderen, nicht weniger und nicht mehr.

Selbstbewusst sein heißt dann, sich weniger über die Meinung der anderen zu definieren, sondern die eigenen Umstände anzuerkennen und als wertvoll zu begreifen. Weniger nach dem eigenen Glück zu streben, sondern versuchen andere glücklich zu machen. Sich nicht selbst bemitleiden, sondern sich für die Gesellschaft einzusetzen.

Auch zum Selbstbewusstsein dazu gehört, sich eigene Fehler einzugestehen. Wenn die anderen dich meiden oder sogar beschimpfen, einmal nach den Gründen fragen. Nicht sofort die Schuld bei den anderen suchen, sondern auch mal hinhören. Vielleicht bist du sogar selbstbewusst genug, dein Verhalten zu ändern. **Angst** ist immer ein schlechter Ratgeber. Wenn du Angst hast, dass die anderen dich nicht mehr mögen, weil dir deine Eltern kein Smartphone schenken wollen, dann kann dich das lähmen und ausgrenzen. Wenn du aber mutig und selbstbewusst mit der Situation umgehst, wird dich kein Freund deshalb fallen lassen – oder du erkennst dadurch besser, wer wirklich ein Freund ist, und wer dich nur als Bediener eines Handys sieht.

Auch wenn du nicht selbst von Mobbing betroffen bist, kommt dir eine wichtige Rolle zu. Stehe Menschen bei, die gemobbt werden. Sei ihr Freund! Höre ihnen zu und versuche, ihnen ihr verlorenes Selbstbewusstsein zurückzugeben. Zeig ihnen, wer sie wirklich sind und welche Talente sie haben. Dazu braucht es **Mut**, aber es lohnt sich. Für sie und für dich!

Das wohl schwierigste Kapitel dieses Buches kommt jetzt. Viele, viele Menschen sind süchtig. Das heißt, sie können nicht mehr ohne oder glauben, dass sie nicht mehr ohne können. Eigentlich wieder ein Kapitel für einen Psychologen. Jedenfalls hat der Autor auch hier kein Fachwissen oder eigene Erfahrung vorzuweisen. Vielleicht noch am ehesten bei gewissen Computerspielen oder Fernsehserien, die viele über einen längeren Zeitraum fesseln. Aber das ist noch keine (krankhafte) Sucht.

Vielleicht kann man **Sucht** am besten mit **Flucht** beschreiben. Während das Mobbingopfer immer wieder in die Gruppe hineinwill und sich dabei eine blutige Nase nach der anderen holt, fliehen Süchtige in eine andere Welt. Sie wenden sich von der Gesellschaft ab und suchen nur nach der eigenen **Befriedigung**. Dazu gehören Rauchen, Alkohol, Arzneimittel und Drogen. Hier erfolgt die Belohnung direkt stofflich im Körper, die Schäden betreffen unmittelbar die Organe und damit die Gesundheit.

Eine andere Suchtgruppe hat eher einen materiellen Charakter, dabei geht es um Geld und Besitz. Glücksspiel und Shopping-Sucht. Beides ist gerade online hochgradig gefährlich. In der realen Welt sind die Verluste noch fühlbar. In einem Onlinecasino oder bei Amazon kannst du schnell tausende Euros ausgeben. Das böse Erwachen kommt dann erst später.

Drittens: die virtuelle Sucht. Dazu gehören Spiele und viele andere Seiten des Internets. Hier hinein flüchtet sich der Süchtige, dort findet er seine Befriedigung. Diese dritte Art der Sucht ist relativ neu und auch noch nicht vollständig erforscht. Man muss auch aufpassen, nicht frühzeitig von Sucht oder Mobbing zu sprechen, die Übergänge sind fließend. Jeder Mensch ist verschieden, was dem einen noch als rauer Umgangston durchgeht, ist für den anderen schon eine verletzende Beleidigung. Auch beim tagelangen, wochenlangen, jahrelangen online zocken muss noch keine Sucht vorliegen, es ist immer eine Frage der Dosis und abwechslungsreicher Alternativen.

Wie können Eltern ihre Kinder vor den Gefahren des Internets bewahren? Genauso wenig wie vor den Gefahren des Lebens selbst. Eine striktes Internetverbot ist sowenig hilfreich wie ein Fahrradhelm. Ja, in gewissen Situationen kann ein Fahrradhelm Leben retten, aber wenn das Kind nicht schwimmen gelernt hat, wird es trotz Fahrradhelm im See ertrinken. Oder sich mit dem Helm auf dem Klettergerüst erdrosseln. **Aufklären hilft!** Welche Gefahren gibt es, wie kann man sich schützen?

Online ist **Misstrauen** mehr als angebracht, genauso wie im echten Leben. Deine Eltern haben dir beigebracht, nicht mit fremden Menschen mitzugehen, auch wenn sie dir ein Geschenk versprechen. Im Internet laufen sehr viele Menschen herum, vollständig vermummt und verlangen Gefolgschaft für angebliche Gewinne.

Es entstehen täglich Onlineshops, die Waren zu unglaublich günstigen Preisen anbieten. Fast immer sind es Betrüger, die entweder keine oder gefälschte Waren verschicken. Es gibt Dealer, die dir mit dem Profilbild deines besten Freundes z.B. Drogen empfehlen oder verkaufen wollen. Virtuelle Freundschaftsanfragen solltest du dir im echten Leben bestätigen lassen. Der Absender einer E-Mail ist leicht gefälscht, der Inhalt kann frei erfunden sein.

Erpresserbriefe, die dich zur Zahlung von BitCoins auffordern oder Fishingmails, die deine Logindaten abfragen, sollten ungelesen in den Papierkorb wandern.

Kapitel 11

Neuland zum zweiten

Alice ging zur Feuerstelle und entzündete ein Feuer. Das Einhorn und sie setzten sich nebeneinander und wärmten sich. »Und was machen wir jetzt?«, fragte Alice, während sie zwei Marshmallows auf einen Stock spießte. Heribert runzelte ratlos die Augenbrauen. »Mögen Sie vielleicht auch ein Marshmallow, Herr Bert?«
»Ich? Mäusespeck?« Heribert verzog angewidert sein Maul.
»Hunger hätte ich schon, aber hättest du vielleicht eine Handvoll Hafer?«

»Aha, da sitzen also die Herrschaften und lassen es sich gut gehen.«
Der feuerrote Fuchs trat aus dem Schatten der Höhle hervor.
Seine Hände hielt er hinter seinem Rücken verborgen. »Schön, dass ihr ohne mich wohlbehalten aus Neuland herausgekommen seid!«
Zu Alice gewandt fragte er scheinheilig: »Was ist denn mit deinem schönen Kleid geworden, so nackt kann ich dich doch nicht zur Königin führen.«
Mit diesen Worten zog er triumphierend ein Kleid hinter seinem Rücken hervor. »Schau mal, was ich der goldenen Gans abgeschwatzt habe. Gefällt es dir?«
»Du hast die Gans doch hoffentlich nicht bestohlen?« Alice stand auf und probierte das Kleid an. Ja, es passte und es gefiel ihr!

»Alle hinsetzen! Lagebesprechung.« Heriberts Stimme duldete keine Widerrede. Alice und der Fuchs setzen sich neben das Einhorn. Alle drei blickten stumm in die lodernden Flammen des Feuers. Alice drehte gedankenverloren ihren Marshmallow, der braun und brauner und teilweise schon schwarz wurde.

Alle drei dachten über die wunderlichen Ereignisse des letzten Tages nach. Sollten sie noch einmal nach Neuland zurückkehren und die Karo-Königin suchen? Ja, war es nicht sogar ihre Pflicht, der Königin von den geheimen Plänen der Kevins, der Schlange und des Schweines zu berichten? Vielleicht war sie ja auch schon von ihnen gefangen worden und musste befreit werden? Oder sie wurde von Tintenfischen ausgespäht und von Blutegeln ausgesaugt?
»Wir müssen die Königin…« Das Einhorn, der Fuchs und Alice hatten gleichzeitig zu sprechen begonnen. »… beschützen!«, sagte Heribert. »… retten!«, sagte Alice. »… finden!«, sagte der Fuchs.

»Also los zum nächsten Abenteuer!« Alice schwang sich auf den Rücken des Einhorns und der Fuchs sprang elegant auf Heriberts Allerwertesten. Die drei galoppierten zurück ins Neuland.

IP-ADRESSEN

Jeder Server und Dienst im Internet verfügt über eine eindeutige IP-Adresse. Wenn du z.B. Wikipedia in deinen Browser eingibst, so wird diese URL zuerst an einen **DNS-Server** geschickt. Ein DNS-Server ist eine Art Telefonbuch, dieser Dienst schaut also nach, welcher Server die eingegebene URL auflöst. Also in unserem Fall wird die URL „wikipedia.org" mit der IP-Adresse 91.198.174.192 beantwortet. Jetzt weiß unser Browser und Computer, mit welchem Server wir uns verbinden möchten, und der Server hinter dieser Adresse liefert die Startseite von Wikipedia aus.

Beginnend mit den ersten 4 Computern, die sich 1969 zum Vorläufer des Internets zusammengeschlossen haben, ist das Internet vor allem seit den frühen 80er Jahren rasant gewachsen. Spätestens seit der großen Verbreitung der Smartphones reicht die Anzahl der möglichen IP-Adressen nicht mehr aus, um jedem Netzteilnehmer eine eigene eindeutige IP-Adresse zuzuweisen. Der oben genannte Standard, das **Internet Protokoll** Version 4 (IPv4) besteht aus 32-Bit-Adressen, das heißt jede IP-Adresse besteht aus vier Blöcken: von 0.0.0.0 bis 255.255.255.255. Daraus ergeben sich theoretisch 2 hoch 32 Adressen, also nur etwas mehr als 4 Milliarden (4.294.967.296) mögliche Adressen.

Das Internet benötigt also dringend neue Adressen. **IPv6** besteht aus 128-Bit-Adressen, das heißt theoretisch sind 2 hoch 128 Adressen möglich. Damit existieren genug Adressen um jedem Quadratmillimeter der Erdoberfläche gleich mehrere Milliarden Adressen zur Verfügung zu stellen. Die Darstellung einer IPv6-Adresse in dezimalschreibweise wäre sehr lang und umständlich: ddd.ddd.ddd.ddd.ddd.ddd.ddd.ddd.ddd.ddd.ddd.ddd.ddd.ddd.ddd.ddd.ddd.ddd.ddd.ddd.ddd.ddd.ddd.ddd.ddd.ddd. Deshalb fasst man jeweils zwei Oktette zusammen und schreibt das Ergebnis mit Doppelpunkten getrennt im hexadezimal System. Wikipedia hat folgende IPv6-Adresse: 0:0:0:0:0:ffff:5bc6:aec0. Mit der Einführung von IPv6 wird es nun möglich sein, jedem Gerät, das sich mit dem Internet verbindet, eine eigene, feste IP-Adresse zuzuweisen.

Datenschutz

Die Unterscheidung zwischen internen und externen Netzwerken wird hinfällig, jedes Gerät bekommt seine eindeutige und auf seinen Nutzer zurückverfolgbare Adresse. Die „Dinge" erfassen permanent Daten, die gespeichert und untereinander ausgetauscht werden. Die verfügbaren Daten sind für Wirtschaftsunternehmen, Staaten oder Organisationen wertvoll, sodass sie einen Zugriff darauf anstreben könnten.

Sicherheit

Mit der Anzahl der Geräte, die mit dem Internet verbunden sind, steigt auch die Gefahr, dass einzelne Geräte kompromittiert werden. So können z.B. IoT-Geräte gehackt werden, um Bitcoins zu schürfen, SPAM zu verschicken oder ihre Besitzer auszuspionieren.

Durch die permanente Vernetzung der Geräte und den Einsatz von Sprachsteuerung nimmt die Datenmenge stetig zu und damit der Energieverbrach.

Das Internet der Dinge (engl. Internet of Things, kurz: **IoT**) soll es den Menschen in Zukunft ermöglichen, automatisch und jederzeit Informationen aus der realen Welt zu erfassen und in Echtzeit ins Internet zu übertragen. Diese Daten werden dann durch verbundene Server verarbeitet und gespeichert; gleichzeitig ist es möglich, Befehle an die verbundenen „Dinge" zu senden.

Ein Beispiel sind sogenannte **Smart Homes**, also kluge Häuser. Diese Häuser verfügen über eine Vielzahl von Sensoren, die im und um das Haus Daten erfassen, z.B. Temperatur, Luftfeuchtigkeit, Rauch, Bewegungen, Geräusche, u.v.m.

Der Hausbesitzer kann nun das Haus programmieren, ihm also Handlungsvorschriften machen. Wenn es im Garten nicht regnet und die Temperatur mindestens 12°C beträgt, dann soll ein Roboter zwischen 10 und 16 Uhr den Rasen mähen. Oder wenn der Rauchmelder Alarm schlägt, soll gleichzeitig die Feuerwehr angerufen und dem Hausbesitzer eine SMS geschickt werden. Oder wenn die Sonne auf die Terasse scheint, soll die Markise ausfahren; wenn allerdings der Wind über 10m/s bläst oder es zu Regnen beginnt, soll die Markise wieder einfahren. Auch die Heizung ließe sich so steuern und wetterabhängig regeln. Sobald sich der Hausbesitzer dem Haus nähert, kann sich automatisch die Heizung einschalten. Es gibt mittlerweile auch kluge Lampen, die sich über das Internet oder mit einer App auf dem Handy steuern lassen.

In der Zukunft gibt es unbegrenzte neue Möglichkeiten, die sich durch das Internet der Dinge ergeben: Autos könnten miteinander kommunizieren und Informationen über das Verkehrsaufkommen teilen. Navigationsdienste, könnten ganz gezielt jedem einzelnen Auto eine persönliche staufreie Route berechnen. Die Gesundheitsbranche will mit sogenannten **Wearables** kontinuierlich Werte des Menschen erfassen, wie z.B. Herzfrequenz, Blutdruck, Körpertemperatur u.a., um Vorsorge zu betreiben und vielleicht schwere Krankheitsverläufe zu vermeiden. Für chronisch Kranke könnte die permanente Überwachung z.B. des Blutzuckerspiegels bei Diabetes Patienten hilfreich sein; das Gerät würde dann selbstständig Insulin spritzen. Allerdings kommen spätestens bei diesem Beispiel vielen Menschen Bedenken. Was passiert, wenn sich der Computer irrt, das Gerät versehentlich zu viel Insulin spritzt und der Mensch stirbt?

Auch bei den selbstfahrenden Autos muss man kein Technikpessimist sein, um vor gewissen Szenarien zurückzuschrecken. Wenn Kriminelle sich in die Systeme hacken und dann alles steuern könnten.

Kapitel 12

Das gefälschte Volk

Das Schloss der Karo-Königin war atemberaubend schön. Die goldenen Waben stapelten sich in den Himmel, überall summte und brummte es. Die Arbeiterinnen flogen mit ihren vollen Höschen zu den vielen gut bewachten Toren. Die Wächter ließen sie ein. Fleißige Arbeiterinnen kamen heraus und flogen davon. Alice ging mutig zu einem der Wächter und stellte sich vor.
»Hallo, ich bin Alice – und das sind Herr Bert und der Fuchs. Wir haben eine wichtige Nachricht von der echten Schildkröte. Dürfen wir eintreten?«

Obwohl Alice geflüstert hatte, wurde der arme Wächter von ihrem Atem fast von seinem Posten gefegt. Er kämpfte gegen den Wind, blieb standhaft und richtete seine Lanze gegen Alice. Es sah nicht so aus, als ob er sie hereinlassen würde.
Und wie sollte sie auch jemals in das Schloss hineingehen können? Es war zwar für einen Bienenstock ungewöhnlich groß. Von der Ausdehnung vielleicht wie ein Fußballfeld und einige der Türme waren bestimmt doppelt, wenn nicht dreimal so hoch wie Alice. Doch die Tore und Gänge darin waren kaum größer als ihr Fingernagel.

»Kannst du der Königin eine Botschaft von uns ausrichten oder sie bitten herauszukommen?«, fragte Alice nun den wackeren Wächter. Alice hatte vermutlich etwas zu laut »Botschaft« gesagt, oder der Wächter hatte nur »Bot« verstanden, jedenfalls fiel er auf der Stelle um und rührte sich nicht mehr. Andere Wächter kamen und kümmerten sich um ihn. Schließlich schleppten sie ihn in das Innere der Burg und eine ganze Armee Krieger rückte aus, um den vermeintlichen Feind in die Flucht zu schlagen.

Alice, Heribert und der Fuchs entfernten sich so schnell sie konnten und suchten Schutz im nahe gelegenen Wald.
»Alle hinsetzen! Lagebesprechung.« Heribert war der geborene Anführer. Alice machte sich weiter Sorgen um den armen Wächter, den sie mit ihren Worten niedergemäht hatte. Und der Fuchs holte seinen Kompass aus dem Pelz und blickte verwirrt auf die sich immer schneller drehende Nadel.
»Irgendetwas stimmt hier nicht«, sagte Heribert. »Ich spüre es an meinem Horn. Es pulsiert. Als ob es mir etwas sagen wollte.«

Der Fuchs, der immer noch auf seinen Kompass starrte, sagte schließlich: »Vielleicht ist es gar nicht das richtige Schloss.«

»Das ist es!«, rief Heribert aus. Sein Horn hatte aufgehört zu schmerzen. »Ich meine natürlich, das ist es nicht, also das Schloss der Königin, es ist nur eine Kopie.«
»Und wie finden wir nun das richtige Schloss?«, fragte Alice.

Was macht den Mensch zum Mensch? Unserer Sprache kommt dabei eine große Bedeutung zu. Die Jäger und Sammler versammelten sich vor tausenden von Jahren um das **Feuer**, aßen gemeinsam und erzählten sich **Geschichten**. Mythen wurden von Generation zu Generation weitergetragen und auch tatsächliche Erfahrungen einzelner wurden mit der Gruppe geteilt. Es entstand eine gemeinsame Geschichte, die den Menschen zu kulturellen und technischen Höchstleistungen anspornte, aber leider auch zu Mord und Totschlag.

Seit dem Ende des 2. Weltkriegs haben diese Funktion des gemeinsamen Geschichtenerzählens **Film & Fernsehen** übernommen. Der Fernseher war das Lagerfeuer des 20. Jahrhunderts, vor dem sich die ganze Familie versammelte. Straßenfeger vereinten das ganze Land. Blockbuster begeistern heute die ganze Welt. Doch seit der Jahrtausendwende drohen diese gemeinsamen Erfahrungen und Geschichten zu verschwinden. An Stelle des Feuers verschlingen Smartphone und Social Media die ganze Aufmerksamkeit der Individuen. Das Bedürfnis nach einer gemeinsamen Geschichte ist geblieben. Auch das Teilen der eigenen Erfahrungen mit seinen Freunden, aber es bleibt eben oft eine Ego-Show. Die Erzählungen zerbrechen in 1.000 und einen Tweet. Jeder Post buhlt um die maximale Aufmerksamkeit und doch bleibt nur eine nebulöse Kakophonie zurück, deren Eintönigkeit einschläfert.

Auch unsere Demokratie ist seit der **Aufklärung** auf eine gemeinsame Erzählung angewiesen. Informationen müssen gedeutet und überprüft werden. Nur so ist jedes Individuum in der Lage, sich eine eigene und freie Meinung zu bilden. Und nur mündige Bürger können kluge Wahlentscheidungen herbeiführen. Sonst wird Politik zum Lotteriespiel. Oder von populistischen #Hashtags gekapert.

„Die freie geistige Auseinandersetzung [ist] ein Lebenselement der freiheitlichen demokratischen Ordnung in der Bundesrepublik und für diese Ordnung schlechthin konstituierend. Sie beruht entscheidend auf der **Meinungs-, Presse- und Informationsfreiheit**, die als gleichwertige Garanten selbständig nebeneinander stehen."

Bundesverfassungsgericht, 25. April 1972

DER GLAUBE VERSETZT BERGE

Seit dem Wahlsieg von Donald Trump müssen wir uns eingestehen, dass die Diskussion um **Fake-News**, alternative Fakten und auch Populismus in den sozialen Medien unbeherrschbar geworden ist. Da kommen mehrere Systemfehler zusammen: Facebook & Co. und die meisten Nachrichtenseiten lassen sich mit Aufmerksamkeit bezahlen. Klicks und Verweildauer sind ihre Währung. Bei vielen Qualitätsmedien und den Öffentlich-Rechtlichen steht zwar Aufklärung ganz oben auf der Agenda, trotzdem bleiben sie abhängig von den Algorithmen US-amerikanischer Konzerne.

Studien zeigen, dass die höchste **Glaubwürdigkeit** von Filmen ausgeht. Der Erfolg von YouTube ist nicht nur darin begründet, dass der Nutzer hier nicht lesen muss, sondern auch, dass er diesem Medium zutiefst glaubt. Glauben will. Lagerfeuer. Das steckt tief drin in unseren Genen. Deshalb sind gerade Kinder so fasziniert von TV- und Kino-Werbung. Das bewegte Bild, Musik und einfache Sprache, das löst in uns **positive Gefühle** aus. Die Erfahrungen wollen wir teilen. Teil dieser Gemeinschaft sein.

Verschwörungstheorien haben es auch besonders einfach, Menschen auf Videoportalen im Internet zu finden und zu überzeugen. Kurze Videos, einfache Erklärungen. Das funktioniert über alle Bildungsgrade und Altersgruppen hinweg.

Die Nachricht „Papst Franziskus schockt die Welt, unterstützt Donald Trump als Präsident, veröffentlicht Statement" schaffte es 2016 in die Top10 der viralsten Fake-News auf Facebook. Über eine Million Menschen reagierten aktiv darauf, das heißt sie teilten die Nachricht mit ihren Freunden oder vergaben ein „Gefällt mir" oder kommentierten. Auf diese Weise erschien die Nachricht in mehreren Millionen Timelines. Ob alle wussten, dass die Nachricht frei erfunden war?

Aufreger im Herbst 2019 war die Schlagzeile „Influencer isst Babydelfin und filmt sich dabei". Auch diese Nachricht verbreitete sich wie ein Lauffeuer. Das Video wurde tausendfach angeschaut und kommentiert. Der **Shitstorm** unter dem Hashtag #dolphingate zeigte, wie schnell

Eurobarometer-Umfrage der EU, 2018

Fake-News (gefälschte Nachrichten) und alternative Fakten (verdrehte Tatsachen) im Internet

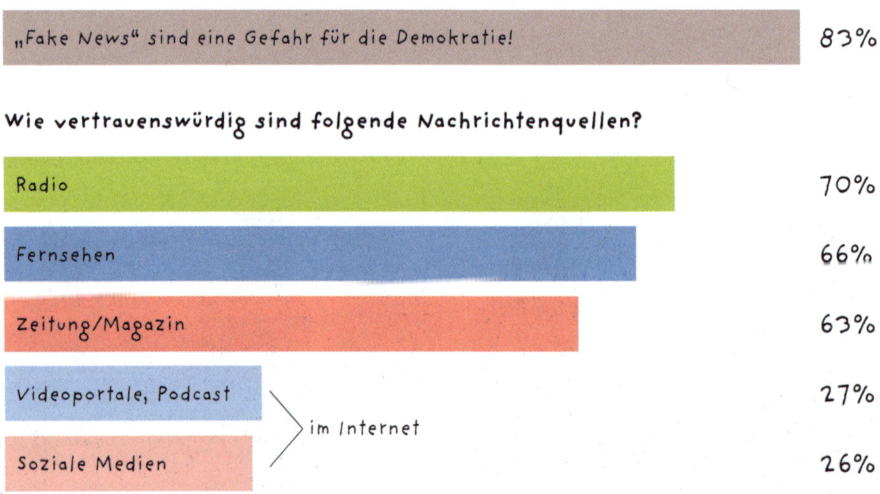

Menschen wütend werden, wenn sie zusehen, wie ein YouTuber einen seltenen Delphin isst. Diese Wut sucht sich ein Ventil und findet es in den sozialen Medien, wo dann lautstark kommentiert wird - leider nicht immer angemessen. Ob dieser Scherz und die Kampagne „Was wir essen, darf nicht die Welt kosten" verstanden wurde?

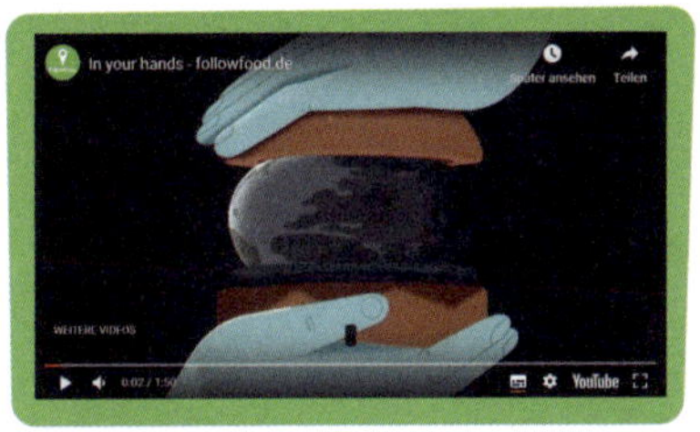

VIDEO TIPP
https://youtu.be/_pLX0tHMACc

YouTube-Stars und Influencer auf Instagram verdienen mit ihren Kanälen schon lange Millionen, und die Fangemeinde glaubt ihnen jeden „Scheiß". Auch den verrücktesten Prank (engl. Scherz). Diese Beispiele zeigen, wie schwer es ist, zwischen Wahrheit, alternativen Fakten und Satire zu unterscheiden. Einem Gefühl ist bei YouTube im Kommentar schnell Ausdruck verliehen, den Delphinen damit aber noch lange nicht nachhaltig geholfen. Solange die Thunfisch-Tiefkühlpizza unter 2 EUR in allen Medien beworben wird und beim Discounter gekauft werden kann, ändert sich nichts. Schon an der Ladenkasse scrollt man sich wieder durch die Timeline, auf der Suche nach dem nächsten Kick.

Zugegeben, **Zeitungsenten** gab es schon im 19. Jahrhundert. Auch absichtlich gefälschte Fakten, wie die Steinlaus. Aber eine Ente konnte in der nächsten Ausgabe auch wieder richtig gestellt werden, dem regelmäßigen Zeitungsleser entging das nicht. Der berühmte Scherz von Loriot im Pschyrembel ist kunstvoll und harmlos.

Fake-News haben heute die Macht, Wahlen zu beeinflussen oder schwedische Schulmädchen zu entwürdigen.

Was einmal virtuell viral geht, kann niemand mehr einfangen. Es setzt sich irgendwo im kollektiven Bewusstsein fest und verändert Menschen ganz real. Wer mitmacht, macht sich schuldig. Mitläufer sind auch Täter.

200 Beweise, warum die Erde in Wahrheit flach ist!

Laut einer Studie der Texas Tech University wurden die meisten Anhänger der Theorie, dass die Erde keine rotierende Kugel ist, von YouTube überzeugt. Obwohl zuerst skeptisch, sahen sie dort unzählige „Beweisvideos", bis sie das Gegenteil glaubten.

Asheley Landrum, die die Studie leitete, sieht in der **Aufklärung** das einzige Gegenmittel gegen derartige Videos. Sie wünscht sich, dass vermehrt wissenschaftlich korrekte Inhalte verbreitet werden und fordert, dass YouTube seine **Algorithmen** verbessert. Denn offensichtlich befördern die aktuellen Algorithmen, dass besonders anfällige Menschen Verschwörungstheorien zu sehen bekommen.

Kapitel 13

Die großen Fünf

Der Kompass des Fuchses konnte sie auch nicht zum Schloss der Königin führen, denn die Nadel drehte sich weiter im Kreis. Aus verständlichem Grund wollten die drei auch nicht die Schlange fragen. Es fiel ihnen nur eine Lösung ein: Sie mussten sich einen Überblick verschaffen. Oder jemanden finden, der sich hoch in Lüfte erheben und das ganze Land von oben betrachten könnte.

»Ich habe eine Idee«, sagte da der Fuchs und augenblicklich beruhigte sich seine Kompassnadel. »Meine Freundin Sophia kann uns bestimmt helfen. Lasst uns zu ihr gehen! Wir müssen nur durch diesen Wald hindurch über einen kleinen Fluss und den Berg dahinter besteigen.« Alice und der Fuchs machten es sich sofort wieder auf Heriberts Rücken bequem. Das Einhorn trabte durch den Wald und sie kamen an den Fluß. Beide Ufer waren sandig und das Wasser schien nicht sehr tief. Sie konnten in dem klaren Wasser Forellen schwimmen sehen. Als sie mitten im Fluss fast schon am anderen Ufer waren, entdeckten sie Spuren im Sand.

Vorsichtig näherten sie sich und der Fuchs las die Fährte. Es mussten fünf Tiere gewesen sein. Die großen Fünf. Kein Zweifel. Alice schauderte. Waren sie etwa hinter ihr her? Oder wollten sie auch zu

Sophia? Sie mussten herausfinden, was die Fünf im Schilde führten. »Am besten trennen wir uns«, schlug Alice vor. »Ich schleiche mich an sie heran und versuche, sie zu belauschen. Wenn ich in einer halben Stunde nicht zurück bin, folgen Sie der Spur, Herr Bert, und schlagen die Fünf in die Flucht. Der Fuchs läuft schnell und holt Sophia.«

Heribert war der Plan sehr angenehm, er wollte gerne etwas rasten, von dem Wasser des Flusses trinken und frisches Gras fressen. Der Fuchs verschwand sofort und kletterte den Berg hinauf. Alice folgte vorsichtig der Spur und suchte immer wieder hinter Bäumen, Büschen und Felsen Deckung, so dass sie von den Fünf nicht gesehen würde. Nach ein paar Metern, hinter einer Kehre des Flusses, sah sie eine Lichtung am Fuße des Berges. Dort stand ein eilig errichtetes Haus, die Spuren führten direkt dorthin. Kein Zweifel!

Alice schlich sich an ein Fenster und spähte hinein. Zuerst sah sie die Schlange. Aber es war nicht nur eine. Sie hatte gleich mehrere Köpfe. Alice konnte es gar nicht so genau sehen, wie viele Köpfe sie hatte. Am Tisch saßen außerdem ein Büffel, ein Strauß und das Schwein, das Alice bereits als Geschäftsführer des Kaufhauses kennengelernt hatte. Und mitten auf dem Tisch saß ein sehr kleines Tier. Es hatte ein dunkles Fell und eine Sonnenbrille. Vermutlich ein Maulwurf.

»Wir haben nur zwei Probleme«, sagte gerade der Strauß zu den anderen: »Alice und die Karo-Königin.«
»Um Alice werde ich mich kümmern«, erwiderte das Schwein und grinste böse. »Ich werde sie mit Kleidern und personalisierten Unterhosen verführen!«
»Das wird nicht klappen«, meinte die Schlange. »Alice hat ihren eigenen Kopf.«
»Vor der Karo-Königin braucht ihr auch keine Angst mehr zu haben, ich habe sie tausendfach kopiert. Es gibt jetzt 999 Königinnen, die dumm sind wie Brot und nur noch eine mit Macht.« Der Maulwurf blickte triumphierend in die Gesichter der anderen Vier.

»Ihr habt die echte Schildkröte vergessen. Wir haben in Wirklichkeit drei große Probleme: Alice, die Karo-Königin und die Schildkröte«, fasste der Büffel zusammen.
»Du bist sowas von gestern«, fauchte der Maulwurf den Büffel an. »Das heißt schon lange Hashtag-Königin. Karo? Wie kleinkariert bist du denn? Die Macht der Königin ist vorbei. Ich bin die neue Macht.«

»Nicht streiten Jungs!« Die Schlange blickte jedem der beiden Streithähne tief in die Augen. »Wir müssen zusammenhalten!« Noch müssten sie zusammenhalten, dachte sie bei sich. Wenn sie Alice und die Schildkröte beseitigt hätten, dann würde sie die anderen Vier genüsslich zum Frühstück verspeisen. Doch laut sagte die Schlange mit den vielen Köpfen: »Ich werde mich mit Vorliebe um die Schildkröte kümmern. Der Maulwurf kommt mit mir. Und ihr drei Helden könnt mit den Kevins einen Plan aushecken, wie man den Geist der Alice kontrolliert. Kann doch nicht so schwer sein.«

»Aber was ist mit dem Fuchs? Er ist schlau und hat mir neulich meine Safari verdorben«, warf der Strauß beleidigt in die Runde.
»Da musst du dir eben mal wieder was Neues einfallen lassen, Steffen!« Der Büffel liebte es, den eitlen Strauß aufzuziehen.
»Billy!« ging das Schwein mahnend dazwischen. »Die Schlange hat recht. Wir müssen zusammenhalten!«

In Gedanken amüsierte sich das Schwein über Steffen und Billy, weil es reicher war als diese zwei Schwachköpfe. Und wie die Schlange hatte auch das Schwein schon lange den Plan, die Vier anderen bei nächster Gelegenheit zu beseitigen.

Microsoft

Amazon

Microsoft Corporation

Gründung	4. April 1975
Gründer	Bill Gates, Paul Allen
Sitz	Redmond, Washington, USA
Leitung	Satya Nadella (CEO)
Mitarbeiter	144.000 (2019)
Umsatz	125,8 Mrd. USD (2019)
Branche	Hard- und Software
Website	www.microsoft.com

Produkte, Dienste und Marken:

Windows, Microsoft Office (Word, Excel, PowerPoint, Outlook, 365, ...), Exchange-Server, SQL-Server, .NET, Minecraft, Microsoft Flight Simulator

Azure (Cloud Computing), LinkedIn, Skype, Hotmail, GitHub

Surface, Xbox
Nokia -> Windows Phone

Microsoft-Beteiligungen:

5% Apple

1,6% Facebook

Apple Inc.

Gründung	1. April 1976
Gründer	Steve Jobs, Steve Wozniak, Ronald Wayne
Sitz	Cupertino, Kalifornien, USA
Leitung	Tim Cook (CEO)
Mitarbeiter	123.000
Umsatz	265,6 Mrd. USD
Branche	Hard- und Software, Online-Handel
Website	www.apple.com

Produkte, Dienste und Marken:

iPhone, iPad, MacBook, Apple Watch, WLAN-Geräte (AirPort und Time Capsule)

iOS, MacOSX, Safari, iTunes, FaceTime, Final Cut, Keynote, QuickTime

Apple TV, Apple Music, iTunes Store, App Store, iCloud, Apple Arcade

Amazon.com, Inc.

Gründung	5. Juli 1994
Gründer	Jeffrey Bezos
Sitz	Seattle, Washington, USA
Leitung	Jeffrey Bezos (Präsident, Chairman und CEO)
Mitarbeiter	647.500 (2018)
Umsatz	233 Mrd. USD (2018)
Branche	Onlinehandel, Cloud Computing
Website	www.amazon.com

Produkte, Dienste und Marken:

Alexa, Audible, AWS (Amazon Web Services, Cloud Computing), IMDb, Twitch Interactive, Whole Foods Market, Zappos

1986 verliess Steve Jobs Apple und kaufte für 5 Mio. USD das Animationsstudio Pixar. 1995 erschien mit Toy Story die erste Co-Produktion mit Disney. 2006 übernahm Walt Disney für 7,4 Mrd. USD Pixar komplett, Steve Jobs wurde größter Einzelaktionär bei Disney.

1996 kaufte Apple überraschend das Unternehmen NeXT des Apple-Gründers für etwa 400 Mio. USD. Steve Jobs kam so durch die Hintertür zurück ins Unternehmen und führte Apple aus der Krise.

Die Firmenrettung gelang auch durch ein Abkommen mit dem Erzrivalen Microsoft. Apple machte den Internet Explorer zum neuen Standard-Browser des Macintosh-Betriebssystems und Microsoft verpflichtete sich, Office auch für MacOS zu veröffentlichen.

Alphabet

Alphabet Inc.	
Gründung	2. Oktober 2015
Gründer	Larry Page, Sergey Brin
Sitz	Mountain View, Kalifornien, USA
Leitung	Larry Page (CEO), Sergey Brin (Präsident)
Mitarbeiter	103.549 (2018)
Umsatz	136.82 Mrd. USD (2018)
Branche	Hard- und Software, Werbung
Website	www.abc.xyz

Produkte, Dienste und Marken:

Google Search, YouTube, Google Maps, G Suite (Gmail, Hangout, ...), Blogger, reCaptcha, Google Ads, Google Analytics

Android, Chrome, Google Earth

Nexus, Chrombook, Google Glass, Google Home, Pixel (Smartphone), Nest Labs

Calico (Biotechnologie, Gentechnik), DeepMind (Künstlicher Intelligenz), X (Forschung), Waymo (selbstfahrende Autos), u.a.

facebook

Facebook, Inc.	
Gründung	4. Februar 2004
Gründer	Mark Zuckerberg
Sitz	Menlo Park, Kalifornien, USA
Leitung	Mark Zuckerberg (Vorsitzender und CEO)
Mitarbeiter	35.587 (2018)
Umsatz	55,8 Mrd. USD (2018)
Branche	Werbung, Soziale Medien, Virtuelle Realität
Website	de.newsroom.fb.com

Produkte, Dienste und Marken:

facebook, Instagram, WhatsApp, Facebook Watch (Video on Demand)

Oculus VR

Libra Association (Internetwährung)

Als **Big Five** (deutsch die „Großen Fünf") bezeichneten Großwildjäger früher die fünf gefährlichsten Tiere in Afrika: Elefant, Nashorn, Büffel, Löwe und Leopard.

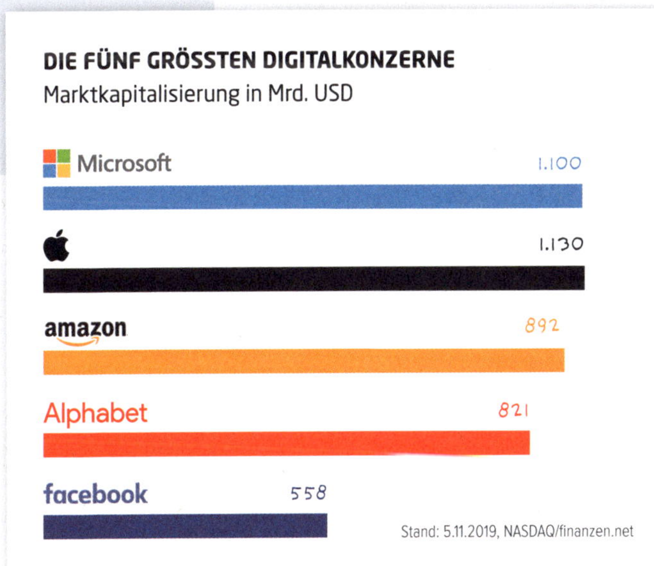

Kapitel 14

Sophias Weitblick

Alice lief so schnell sie konnte zurück zu Heribert. Nachdem sie das Gespräch der Fünf dem Einhorn haargenau berichtet hatte, schüttelte dieses ratlos den Kopf. »Wie sollen wir jetzt die Königin finden? Wenn es tausend Kopien gibt? Die Kevins werden bestimmt einen Apparat oder eine Droge erfinden. Und damit werden sie deinen Geist manipulieren. Das ist schlimm, schlimm, schlimm!«
»Manipu was? Ich kenne nur den großen Manitu!«, sagte Alice, die die Verzweiflung des Einhorns und seine vor sich hingestammelten Fragen nicht wirklich verstand. »Sollen wir zu ihm beten oder dem großen Manitu ein Opfer bringen?«

»Sie wollen DEINEN Geist kontrollieren«, jammerte Heribert.
»Meinen Geist?« Alice blickte sich erschrocken um. Aber sie konnte keinen Geist entdecken. Vielleicht würde der Geist erst sichtbar, wenn es Nacht würde. Oder war Heribert verrückt geworden? Was redete er da die ganze Zeit? Alice wünschte sich, der Fuchs würde endlich mit Sophia kommen. Sophia hätte bestimmt eine Erklärung für all das.

Auch das Problem mit den kopierten Königinnen verstand Alice nicht. Warum konnten sie nicht einfach zur wahren Karo-Königin gehen? Was, wenn die Kevins nun auch Alice kopieren würden?

Das wäre lustig, dann könnte Alice sich selbst treffen. Und zusammen mit zehn oder hundert anderen Alices spielen und diskutieren. Irgendwann würde sie vielleicht nicht mehr wissen, ob sie selbst sie selbst sein würde. Das war alles so verwirrend! Alice musste sich setzen, ihr war ein wenig schwindelig.

»Halli, hallo, hallöle!« ertönte da von oben eine süße Stimme. »Was sitzt ihr denn da so bedröppelt herum.« Sophia landete in ihrer Mitte und zwinkerte Alice und dem Einhorn aufmunternd zu.
Japsend stieß nun auch der Fuchs zu ihnen. Jetzt konnten sie alles in Ruhe gemeinsam besprechen.

Bis tief in die Nacht diskutierten sie, schließlich schliefen alle erschöpft ein.

UNABHÄNGIGKEITSERKLÄRUNG DES CYBERSPACE

Davos, Schweiz
8. Februar 1996

Regierungen der industriellen Welt, Ihr müden Giganten aus Fleisch und Stahl, ich komme aus dem Cyberspace, der neuen Heimat des Geistes. Im Namen der Zukunft bitte ich Euch, Vertreter einer vergangenen Zeit: Laßt uns in Ruhe! Ihr seid bei uns nicht willkommen. Wo wir uns versammeln, besitzt Ihr keine Macht mehr.

(...) [S]o wende ich mich mit keiner größeren Autorität an Euch als der, mit der die Freiheit selber spricht. Ich erkläre den globalen sozialen Raum, den wir errichten, als gänzlich unabhängig von der Tyrannei, die Ihr über uns auszuüben anstrebt. (...)

Wir erschaffen eine Welt, die alle betreten können ohne Bevorzugung oder Vorurteil bezüglich Rasse, Wohlstand, militärischer Macht und Herkunft. (...)

Eure Rechtsvorstellungen von Eigentum, Redefreiheit, Persönlichkeit, Freizügigkeit und Kontext treffen auf uns nicht zu. Sie alle basieren auf der Gegenständlichkeit der materiellen Welt. Es gibt im Cyberspace keine Materie. (...)

Ihr erschreckt Euch vor Euren eigenen Kindern, weil sie Eingeborene einer Welt sind, in der Ihr stets Einwanderer bleiben werdet. Weil Ihr sie fürchtet, übertragt Ihr auf Eure Bürokratien die elterliche Verantwortung, die Ihr zu feige seid, selber auszuüben. (...)

[Eure] Gesetze würden Ideen als nur ein weiteres industrielles Produkt erklären, nicht ehrenhafter als Rohmetall. In unserer Welt darf alles, was der menschliche Geist erschafft, kostenfrei unendlich reproduziert und distribuiert werden. (...)

Wir werden im Cyberspace eine Zivilisation des Geistes erschaffen. Möge sie humaner und gerechter sein als die Welt, die Eure Regierungen bislang errichteten.

John Perry Barlow

Deutsch von Steffen Münker

KOMPLETT LESEN
https://heise.de/-3410887

Noch herrscht Goldgräberstimmung im Internet. Die Mythen, in denen jeder aus einer Garage oder Studentenbude heraus ein Milliarden Dollar schweres Unternehmen gründen kann, haben sich in unsere Köpfe eingebrannt. Das Internet wird oft als Gelddruckmaschine angesehen. Jeder kennt irgendjemanden, der mit einer Webseite, einem Shop oder YouTube-Kanal zum vermeintlichen Millionär geworden ist. Auch wenn es sehr viele dieser Geschichten gibt, man darf nicht vergessen, es gibt noch viel mehr Geschichten des Scheiterns.

Das Internet ist zunehmend besetzt. Von den großen Fünf, aber auch von sehr vielen kleinen Unternehmen, die sich erfolgreich in Tälern (Nischen) niedergelassen haben. Auch die Regierungen haben Truppen und Sheriffs geschickt, die für die Einhaltung von Gesetz und Ordnung kämpfen. Trotzdem ist die Wild-West-Mentalität geblieben, grenzenlose Freiheit, alles ist erlaubt, eine Goldmine kann gefunden, erarbeitet oder erbeutet werden. Wer schneller zieht, erschießt seinen Gegner. **„Move fast and break things"** das Motto von Mark Zuckerberg, bringt das gut zum Ausdruck.

Wenn wir uns an den Werbespot zum Macintosh 1984 erinnern: Die blonde Frau zerschlägt mit einem Hammer den Bildschirm und befreit die grauen Sklavenarbeiter. Freiheit war die alles überstrahlende Philosophie der Internet-Pioniere. Und sie ist es heute noch zu einem großen Teil, jetzt allerdings eher bei einer kleinen Anzahl unbeugsamer Rebellen.

Edward Snowden zum Beispiel, der für Geheimdienste CIA und NSA gearbeitet hat und als **Whistleblower** die Überwachung der Bürger, auch Mithilfe des Internets, veröffentlicht hat. Oder Julian Assange, der es sich zum Ziel gesetzt hat, mit der Enthüllungsplattform **WikiLeaks** geheimgehaltene Dokumente allgemein verfügbar zu machen. In Deutschland vor allem der CCC Chaos Computer Club, ein Hacker-Verein, der sich u. a. für **Informationsfreiheit und Datenschutz** einsetzt.

Wie damals im wilden Westen gibt es neben den Cowboys und Sheriffs, die sich für Freiheit und mehr Sicherheit einsetzen, leider auch kriminelle Banden. Diesen „bösen" Hackern ist kein Raub und Mord zu dreckig. Sie kämpfen nicht für die Freiheit, Land und Leute, sondern nur für ihren eigenen Geldbeutel. Wegen ihnen müssen wir uns schwer bewaffnen, wenn wir das Internet betreten wollen: Firewalls, Antiviren-Programme, Passwörter, Verschlüsselung, zwei Wege Authentifizierung, u.s.w.

Die von einem Browser dargestellten Webseiten werden in HTML programmiert. Eine HTML-Seite ist ein einfaches Textdokument (Dateiendung .htm oder .html), das mit einem beliebigen Texteditor erstellt und bearbeitet werden kann.

HTML ist die Abkürzung für **Hypertext Markup Language** und dient als Auszeichnungssprache dazu, einen Text zu strukturieren, nicht aber zu formatieren. Die visuelle Darstellung ist nicht Teil der HTML-Spezifikation und wird durch den Webbrowser selbst und Gestaltungsvorlagen wie CSS (Cascading Style Sheets) bestimmt.

HTML verstehen
https://wiki.selfhtml.org

Jedes HTML-Dokument besteht aus drei Bereichen:

- Der Typdefinition ganz am Anfang der Datei
- Dem HTML-Kopf (HEAD), der hauptsächlich technische oder dokumentarische Informationen enthält, die üblicherweise nicht im Anzeigebereich des Browsers dargestellt werden
- Dem HTML-Körper (BODY), der jene Informationen enthält, die gewöhnlich im Anzeigebereich des Browsers zu sehen sind

HTML wird vom World Wide Web Consortium (W3C) und der Web Hypertext Application Technology Working Group (WHATWG) weiterentwickelt. Die aktuelle Version ist HTML 5. https://www.w3.org/html/

HTML-Elemente werden in spitzen Klammern geschrieben (<>) und der Inhalt durch ein öffnendes und schließendes Tag (engl. für Etikett) markiert.

Quellcode einer Beispiel-Seite:

```
<!DOCTYPE html>
<html>
  <head>
    <title>Titel der Webseite</title>
    <!-- weitere Kopfinformationen -->
  </head>
  <body>
    <h1>Erste Überschrift</h1>
    <p>Text Absatz der Webseite</p>
    <!-- Kommentare werden im Browser nicht angezeigt. -->
    <p>Mehr Text mit
       <a href="seite2.html">Link</a>
       zu einer weiteren Webseite</p>
  </body>
</html>
```

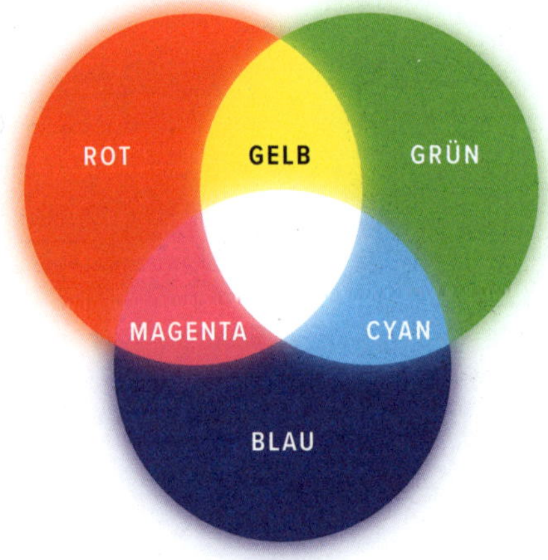

Der **RGB-Farbraum** wird zur Bildaufnahme und Bildwiedergabe elektronischer Geräte verwendet. Die Farbwahrnehmung erfolgt durch das **additive Mischen** der drei Grundfarben: Rot, Grün und Blau.

Im Farbcode werden die Farben oft in hexadezimal Schreibweise verwendet: Weiss ist RGB 255,255,255 (#FFFFFF) und Schwarz RGB 0,0,0 (#000000).

```
a { color: #FF0000; }
```

2.000 x 2.000 Pixel, 16,7 Mio. Farben

Original mit Raster 10 x 10 Pixel

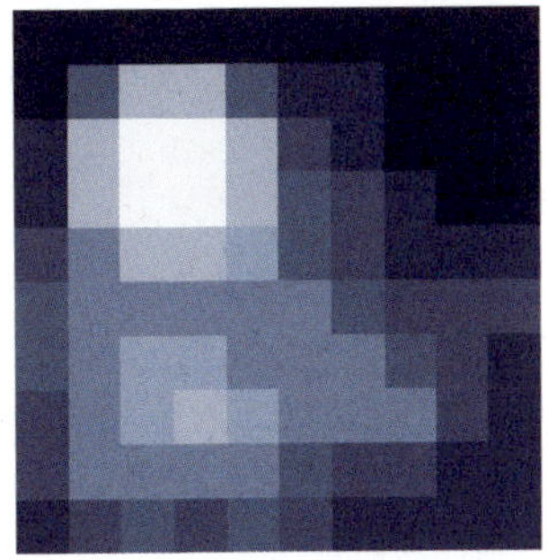
10 x 10 Pixel, 8 Farben

100 x 100 Pixel, 8 Farben

100 x 100 Pixel, 128 Farben

300 x 300 Pixel, 16,7 Millionen Farben

JPG, klein Datei, Qualität 1 (niedrig)

JPG, große Datei, Qualität 12 (maximal)

Um ein Bild zu digitalisieren, muss es zuerst in winzig kleine Bildpunkte zerlegt werden, das nennt man auch rastern. Jedem einzelnen Bildpunkt, dem sogenannten Pixel, wird dann ein entsprechender Farbwert zugewiesen. Die **Auflösung** bezeichnet die Anzahl der Pixel pro Länge, meist in Inch angegeben (1 Inch = 2,54 cm). Für einen Ausdruck sollte das Bild min. 300 **dpi** (Dots per Inch) haben. Bei Grafiken, die nur am Bildschirm angezeigt werden, reichen meist 72 - 150 dpi.

Wenn ein Bild „pixelig" dargestellt wird, kannst du diese kleinste Einheit (Pixel, Bildpunkt) mit dem Auge als Quadrat wahrnehmen. Runde und schräge Linien werden dann oft als „Treppchen" wiedergegeben. Dies passiert z.B. bei einer Vergrößerung. Oder wenn du ein Bild (mit geringer Auflösung) aus dem Internet ausdruckst.

Bilder, die mit 8-Bit je Farbkanal kodiert werden, können ca. 16,7 Millionen verschiedene Farben des RGB-Farbraumes enthalten. Um die Dateigrößen zu reduzieren und damit die Übertragung im Internet zu beschleunigen, werden bei Bildern zwei Techniken verwendet: 1. Die Komprimierung und 2. die Reduktion der Auflösung. Dateiformate wie z.B. JPEG arbeiten mit einer verlustbehafteten **Komprimierung**. Das Ergebnis ist eine kleinere Datei, die aber bei zu starker Kompression Artefakte (Bildfehler) zeigt. PNG und GIF arbeiten oft mit reduzierten Farben, auch dadurch wird die Datei kleiner und kann schneller übertragen werden, aber die Originaltreue, gerade bei Fotos, leidet dabei deutlich.

Früher wurden Bilder für eine Darstellung im Internet oft auf 72 dpi begrenzt, Heute sehen diese auf Retina-Displays, die eine hohe Auflösung besitzen, unscharf aus.

Vektorgrafiken arbeiten mit Pfaden, sind also immer verlustfrei skalierbar. Dateiformate sind z.B. AI, EPS und SVG.

#KÖNIGIN

Kapitel 15

Wer ist die wahrste im ganzen Land?

Mit dem Weitblick der hochfliegenden Sophia und der Schlauheit des feurigen Fuchses hatten die vier Freunde einen kühnen Plan ausgeheckt. Der Plan war so einfach wie genial. Sie würden ein Casting ausloben: Neuland sucht die wahre Karo-Königin! Als Juroren würden sie die großen Fünf angeben. Ort der Veranstaltung sollte der Heilige Wald im Halbleitertal sein.

Am frühen Morgen standen Alice und der Fuchs auf und machten sich auf den Weg. Alice flüsterte die frohe Kunde jedem Honigwaben-Wächter, den sie auf Augenhöhe finden konnte. Die fleißigen Bienen teilten die Casting-Einladung mit jeder Blume, auf der sie Rast machten. Und während Alice mit dem Fuchs von Königinnen-Schloss zu Königinnen-Schloss eilte, verbreitete sich die Nachricht in ganz Neuland.

Natürlich hörten auch die großen Fünf von dem großen Casting, zu dem sie vermeintlich selbst einluden. Der Strauß dankte dem Büffel für den großartigen Einfall. Das Schwein war gerührt von der Aussicht, zusammen mit den anderen Vier, so einem bedeutenden Event beizuwohnen. Die Schlange hielt das Ganze gar für ihre eigene Idee. Und der Maulwurf heulte vor Glück.

Als die große Stunde gekommen war, saßen 999 Königinnen erwartungsvoll auf der großen Lichtung im Heiligen Wald. Die großen Fünf nahmen auf der Bühne den ihnen gebührenden Platz ein. Zusammen genossen sie die neulandweite Aufmerksamkeit.
Es wurde auf allen Kanälen berichtet, live im Fernsehen übertragen, und mehrere Millionen Menschen verfolgten das Spektakel. Es war eine fantastische Werbung, inklusive rotem Teppich, viel Eigenlob und teurer Uhren.

Am Ende der Veranstaltung wurde mit großem Tamtam eine Königin zur wahren Karo-Königin Neulands gewählt. Die großen Fünf lagen sich weinend in den Armen, überwältigt von ihrer eigenen Großherzigkeit. #Königin #Neuland

Die große Gefahr des Internets und der Digitalisierung besteht im Konsum. Werbung versucht uns auf fast jeder Seite auszuspionieren und zu überrumpeln. Und schon hast du dir ein neues Spiel installiert, ein cooles Gadget gekauft oder bist in die nächste TV-Serie eingetaucht. Ein sehr interessantes Projekt ist Pi-Hole, das der Onlinewerbung den Kampf angesagt hat. Das „schwarze Loch" kann aber auch **jugendgefährdende Seiten** aus deinem Heimnetzwerk verbannen. Installiert wird Pi-Hole auf einem Raspberry Pi. Diesem kleinen Computer gehört die Zukunft, du kannst ihn einfach programmieren und es gibt sehr viele Erweiterungen, mit denen du tolle Projekte realisieren kannst.

Mit einem Pi-Hole kannst du auch die **SafeSearch** für Google und YouTube (und andere Suchmaschinen) erzwingen. Damit werden in den Suchergebnissen keine jugendgefährdenden Seiten mehr aufgeführt. Das Internet ist natürlich niemals 100% sicher, aber, wie bei einer Schutzimpfung im echten Leben, hast du auf diese Weise schon eine sehr gute Grundimmunisierung.

Auf Apple Geräten bieten die „Familienfreigabe" und „Bildschirmzeit" gute Einstellmöglichkeiten, um dich nicht mit den großen Verlockungen allein zu lassen. Auch Kaspersky „Safe Kids" bietet guten Schutz für Android und iOS-Geräte an. Denn es gibt auch noch ein echtes Leben. Also raus auf den Bolzplatz, rein in die Schlammschlacht oder zum Tratsch mit deinen Freund*innen.

Pi-hole®: A black hole for Internet advertisements
https://pi-hole.net

Pi-Hole auf dem Raspberry Pi einrichten – so geht's
https://www.heise.de/-4358553

SafeSearch for Pi-hole
https://github.com/jaykepeters/pss

RASPBERRY PI

Der Raspberry Pi ist ein Minicomputer, gerade mal so groß wie ein Kartenspiel. Der sehr einfach aufgebaute Rechner kam Anfang 2012 auf den Markt. Er eignet sich hervorragend zum Experimentieren und Programmieren. Entwickelt wurde er von der Raspberry Pi Foundation. Die Stiftung verfolgt das Ziel jungen Menschen den Erwerb von **Programmier- und Hardware-Kenntnissen** zu erleichtern. Entsprechend günstig wird der Raspi verkauft, je nach Modell für etwa 5 bis 60 Euro. Bis Ende 2018 wurden bereits mehr als 22 Millionen Geräte verkauft.

Es existiert ein großes Zubehör- und Softwareangebot. Über eine frei programmierbare Schnittstelle (GPIO) können andere Geräte angesteuert werden. Verbreitet ist die Verwendung als **Mediacenter**, da der Rechner Videodaten mit voller HD-Auflösung (1080p) dekodieren und über die HDMI-Schnittstelle ausgeben kann.

Als Betriebssystem kommen vor allem angepasste **Linux**-Distributionen mit grafischer Benutzeroberfläche zum Einsatz. Für das neueste Modell (Raspberry Pi 4) existiert auch Windows 10 in einer speziellen Internet-of-Things-Version. Betriebssystem und Programme werden von einer wechselbaren SD-Karte gestartet.

Die große Chance des Internets und der Digitalisierung besteht nicht im Konsum: im passiven Gebrauch, in der Anwendung. Nein, die große Chance besteht in der **Kreativität**: im aktiven Gestalten, in der Entwicklung. Digitalisierung ist immer dann zum Scheitern verurteilt, wenn man nur alte analoge Abläufe mit dem Computer nachbildet. Dadurch entsteht noch kein Mehrwert.

Es gibt unzählige Ideen und Konzepte, wie du spielerisch das Programmieren lernen kannst. Bereits in der Grundschule kannst du dies auch ohne Computer beginnen: programmiere z.B. deinen Lehrer oder deine Eltern. Ein Befehl lautet „Go" (Geh!) - und der Lehrer läuft, bis er mit der Nase an die Wand stößt. Du erkennst, dass die Algorithmen und Handlungsanweisungen präzise gefasst werden müssen. Wie Rezepte und Bedienungsanleitungen bestehen auch Computerprogramme aus einer Abfolge von Schritten, die nacheinander abgearbeitet werden müssen.

Warum das eine wichtige Grundlage für deine Zukunft sein kann? Computer sind aus unserem Alltag nicht mehr wegzudenken. Du bist gut gerüstet, wenn du lernst, mit ihnen umzugehen und sie als **Werkzeug** zu gebrauchen. Lass sie für dich Aufgaben lösen, dann hast du deine Arbeit schneller erledigt. Anwender gibt es genug, werde Entwickler!

Eine bewährte Plattform, um das Programmieren zu lernen, ist der **TurtleCoder**. Du programmierst eine Schildkröte, die über das Blatt läuft und dabei mit einem Stift zeichnet. So kannst du deine eigenen kleinen Kunstwerke erschaffen und lernst den Umgang mit Elementen jeder Programmiersprache: Wenn-dann-Anweisungen (if/else) und Schleifen (for), zusammen mit zufällig gewählten Variablen. Du wirst erstaunt sein, welche tollen Zeichnungen dir mit der Schildkröte gelingen. Es macht Spaß, probier es aus! Auf der Webseite der „Initiative Code your Life" kannst du auch weitere Techniken finden und lernen, z.B. den Mini-Computer Calliope.

»Das Verständnis der Informatik und der Logik von Algorithmen als der Sprache der digitalen Welt ist für einen selbstbestimmten Umgang mit der Digitalisierung in der Alltags- und Berufswelt von herausragender Bedeutung.«

Deutscher Bundestag

LINK TIPP
https://www.code-your-life.org

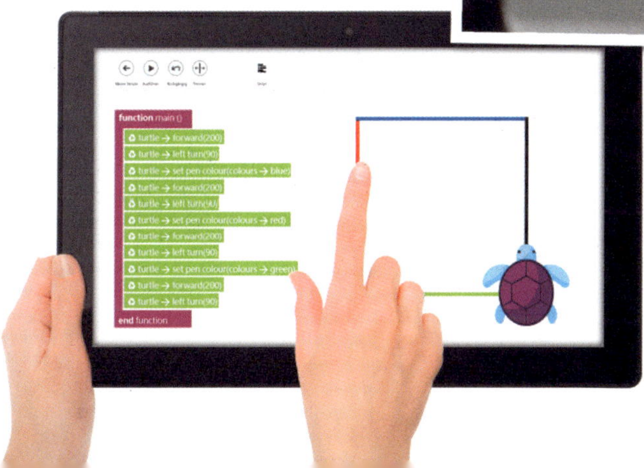

CODE your life

Programmieren für die Zukunft

Coding -Angebote für Kinder und Jugendliche

Der TurtleCoder ist eine in 2017 durch Helliwood entwickelte moderne Interpretation der am MIT 1967 entwickelten Programmiersprache LOGO. Sie wurde für 9- bis 12-Jährige Kinder entwickelt.
http://massel.net/4nU6

Robin Hood war der Legende nach ein ehrbarer Dieb und Rebell. Er bestahl die Reichen und gab es den Armen. Im Internet und auf deinem PC kannst du ihm nacheifern. Versuche, wo es geht, einen Bogen um die großen Fünf zu machen und schenke deine Aufmerksamkeit den kleinen Widerständlern, die noch immer tapfer der aussichtslos erscheinenden Belagerung trotzen.

E-MAIL-ADRESSE

Posteo und mail.de bieten werbefreie Postfächer für kleines Geld an. Die Firmen betreiben ihre Rechenzentren in Deutschland und sind umweltfreundlich.

MESSENGER

Es gibt die App Telegram, die wie WhatsApp funktioniert, aber nicht zum Milliarden-Konzern Facebook gehört. Wenn du noch höheren Wert auf die Sicherheit deiner Daten legst, solltest du dir Threema installieren. Die App kostet nur einen kleinen einmaligen Betrag, die Nutzung ist wie bei Telegram und WhatsApp kostenlos.

BÜROSOFTWARE

Du kannst dir das Programm OpenOffice kostenlos herunterladen und installieren. Damit lässt sich jedes Microsoft Format (.doc/.docx Word, .xls/.xlsx Excel, .ppt/.pptx PowerPoint) öffnen und bearbeiten. Du kannst auch neue Dokumente erstellen und für Microsoft-Benutzer abspeichern.

BROWSER- UND MAILPROGRAMM

Mozilla bietet mit dem Firefox einen sehr guten und sicheren Browser. Außerdem kannst du anstelle von Mail (Apple) oder Live/Outlook (Microsoft) das Programm Thunderbird verwenden. Für Android Smartphones gibt es K9 Mail.

ONLINE SHOPS

Versuche möglichst viel bei Einzelhändlern deiner Umgebung zu kaufen. Wenn du ein Produkt nur online kaufen kannst, so schau im Impressum nach, wo sich der Shop befindet. Und ob es sich um ein inhabergeführtes Unternehmen oder einen großen Konzern handelt.

PASSWÖRTER UND PASSWORT-MANAGER

Nutze für jeden Dienst im Internet ein anderes möglichst langes Passwort. Am besten notierst du dir diese offline, d.h. auf einem Papier in einem guten Versteck. Regeln für gute Passwörter findest du auf der Seite des Bundesamtes für die Sicherheit in der Informationstechnik (www.bsi-fuer-buerger.de). Dort findest du auch Empfehlungen für Passwortmanager, mit denen du deine vielen Passwörter sicher verwalten kannst. http://massel.net/K3n8

HARDWARE

Leider gibt es kaum deutsche und noch weniger faire Alternativen zu Apple, Samsung und Co. Aber auch hier lohnt es sich zu suchen und vor allem auf umweltfreundliche Produkte zu drängen. Der Verbraucher hat Macht! Ein erfolgreicher Querulant sei hier genannt: Der Autor nutzt immer noch sein Fairphone First Edition.

Auf jeden Fall solltest du deine alten Geräte der Wiederverwertung zuführen (Recycling). Der Münchner Tierpark z.B. sammelt alte Handys und unterstützt damit Artenschutzprojekte.

CLOUD

Backups sind wichtig. Auch der Zugriff auf gewisse Daten von verschiedenen Geräten aus. Aber muss man deshalb alle Daten Apple, Google oder Amazon anvertrauen? Die Dienste sind billig und nahtlos in die Geräte integriert. Aber es gibt gute Alternativen. NAS (Network Attached Storage) im eigenen LAN oder WLAN. Und gemietete oder selbst gehostete Open-Source-Lösungen wie ownCloud oder nextCloud. Vielleicht kannst du dir mit der Familie, Verwandten oder Freunden zusammen einen Server mieten. Dort kannst du neben deiner eigenen Webseite auch andere tolle Tools ausprobieren, wie z.B. SQL-Datenbanken, Wiki-Software, etherpad, u.v.m.

SPIELE

(Wieder-)Entdecke mit deinen Eltern die alten Spiele der späten 1980er und frühen 1990er Jahre. Auf der Seite des Internet Archives (archive.org) gibt es viele MS-DOS Spieleklassiker, die sich kostenlos online oder im DOS-Emulator spielen lassen.

http://massel.net/Y5a6

Lerne Programmieren!

Hab keine Angst. Entdecke und entwickle **mutig** Neues.

Nutze **Alternativen** und Open Source Software.

Folge nicht unbedacht der Werbung. **Glaube** nicht leichtfertig falschen Propheten, sogenannten Experten oder Influencern.

Kauf nicht beim Marktführer, sondern **lokal und fair**.

Wenn etwas sehr günstig ist, frage, wer den **wahren Preis** dafür bezahlt.

Schreibe und teile nichts, von dem du nicht **sicher** weißt, dass es richtig ist.

Vergiss nicht das **echte Leben**. Gemeinsam essen, miteinander reden – und kochen. (Rezepte sind auch Algorithmen!)

Suche nicht ausschließlich nach deinem Glück, sondern mach auch andere glücklich, dann wirst du **dein Glück** finden.

Schreib wieder **Briefe** mit Stift und Papier und weniger Chats.
Male ein Bild, mach' Musik...

Paul Andersson, 29.10.2019

Kapitel 16

Erkenntnisreiche Mahlzeit

Alice, der Fuchs und Heribert ritten unterdessen so schnell sie konnten zu dem einen Schloss, das Sophia ausgespäht hatte.
Die Königin dieses Schlosses war als einzige nicht zum Casting angetreten. Am Eingang des Bienenstocks wartete Sophia auf die drei mit einem Löffel Honig. Als alle gegessen hatten, wurden sie augenblicklich so klein, dass sie ohne weiteres hineingehen konnten.
Im prächtigen Thronsaal erwartete sie die wahre Karo-Königin.

Alice begrüßte sie mit einem Knicks. Auch der Fuchs und Heribert verneigten sich höflich. Doch Sophia kam sofort zum Punkt: »Neuland ist in großer Gefahr, eure Hoheit!«
»Ich weiß, ich weiß, meine Kinder!«, antwortete die Königin gütig. »Aber setzt euch doch erstmal zu Tisch. Wir wollen zusammen speisen und unsere Gaben teilen.«

Die Königin führte die Vier an einen langen, festlich gedeckten Tisch. An dem einen Ende des Tisches stand der Thron, auf den sich die Königin setzte. Rechts von ihr nahmen Alice und Heribert Platz, am anderen Ende der Fuchs und Sophia.

So saßen die jetzt sehr kleinen Fünf beisammen und aßen vorzüglich und unterhielten sich gut.

Nachdem Alice der Königin ihre ganze Geschichte erzählt hatte, fragte die Königin: »Wo ist denn die Schildkröte geblieben? Sie scheint mir den Schlüssel zu haben, der uns ins nächste Zimmer führt.«
»Wir wissen es nicht.« Alice sprach diese Worte nachdenklich und traurig: »Wenn ich doch nur verstehen könnte, warum im Meer die Lösung liegen soll.«

»Ich sehe das so«, begann nun Sophia, die anscheinend nur auf diesen Moment gewartet hatte: »Das Meer ist ein Bild für das Neuland. Die Menschen surfen darauf. Wellenreiten, Kite- und Windsurfen ist ein cooles Hobby, das für manche sogar zum Beruf geworden ist. Aber das Meer ist eigentlich lebensfeindlich, sein Wasser für den Menschen ungenießbar und sogar tödlich. Die Weite und die Tiefe des Meeres sind unheimlich und bedrohlich. Eine einzige Sturmflut kann tausende Menschen umbringen und ganze Städte verwüsten.«

»Trotzdem hat noch kein Mensch gefordert, das Meer zu verbieten oder die Wellen regulieren zu wollen«, warf nun der Fuchs ein.
»Genau!« Sophia geriet jetzt richtig in Fahrt: »Die Schildkröte meint mit dem Bild vielleicht auch, dass die Menschen Neuland lieben sollen, wie das Meer. Sie kommen von nah und fern um dort Urlaub zu machen. Sie verloben sich an seinem Strand und sie treiben Wassersport zu ihrem Vergnügen.«
»Ja!«, nahm nun auch Heribert den Faden auf. »Die Menschen sollen Neuland lieben, mit Respekt vor seiner zerstörerischen Natur und mit Fantasie. Aber sie benötigen eben auch immer wieder festen Boden unter den Füßen. Alles Digitale ist Fluch und Segen. Das echte Leben besteht nicht nur aus schwarz und weiß.«

»Herr Bert, Sie sind ja ein echter Philosoph!« Alices Stimme schwang voll Bewunderung. Dann sagte sie nachdenklich: »Und vielleicht wäre es auch gut, allen Kindern das Schwimmen und Tauchen beizubringen. Damit sie nicht nur an der Oberfläche surfen müssen. Ihnen die Gefahren des Meeres zu erklären, aber auch die nützlichen und schönen Dinge darin zu zeigen!« Alice hatte Neuland jetzt ein klein wenig besser verstanden.

Die Königin dankte allen und gab ihnen zum Abschied einen Kuss. Ihr fleißiges Bienenvolk würde weiter Aufklärung verteilen. Und Sophia würde von ganz weit oben über Neuland wachen. Die Schildkröte und ihre Bücher würden den Menschen immer Inspiration geben für kreative Sinnlosigkeit! Die Rettung ist das MEHR. Und der Verzicht.

Rückkehr

Als Alice von dem Honig gegessen hatte, wurde sie beinahe schlagartig wieder groß. So groß wie ein siebenjähriges Mädchen. Alice und das Einhorn verabschiedeten sich vom Fuchs und Sophia, die sie so zuverlässig durch Neuland geführt hatten. Dann standen sie schon wieder in der Höhle. Die Höhle war dunkel, an ihren Wänden waren Zeichnungen. Von Tieren und Jägern. Die Höhle lag im Südwesten Frankreichs. Es war das Jahr 16152 vor Christi Geburt.

* * *

Ein Junge betrat die Höhle. Peter. Aber das ist eine andere Geschichte.

Ende

Alice im Neuland

Inhaltsverzeichnis

Ungefähr 156 Ergebnisse (0,61 Sekunden)

Seite 2 von ungefähr 156 Ergebnissen (0,54 Sekunden)

DIE WICHTIGSTEN PERSONEN

Assange	Julian	121	*03.07.1971	australischer Politaktivist, investigativer Journalist, ehemaliger Computerhacker, Programmierer und Sprecher der Enthüllungsplattform WikiLeaks
Bardeen	John	51	1908-1991	US-amerikanischer Physiker, zweifacher Nobelpreisträger der Physik
Barlow	John Perry	120	1947-2018	US-amerikanischer Bürgerrechtler und Songtexter der Rockband Grateful Dead
Berners-Lee	Tim	11, 146	*08.06.1955	britischer Physiker und Informatiker
Bezos	Jeff	86, 114	*12.01.1964	US-amerikanischer Unternehmer und Investor, Gründer des Onlineversandhändlers Amazon
Brattain	Walter	51	1902-1987	US-amerikanischer Physiker, 1956 Nobelpreis für Physik
Brin	Sergey	59, 115	*21.08.1973	US-amerikanischer Informatiker und Präsident von Alphabet Inc.
Disney	Walt	114	1901-1966	US-amerikanischer Trickfilmzeichner und Filmproduzent
Edison	Thomas	9	1847-1931	US-amerikanischer Erfinder und Unternehmer (Telegrafie, Telefontechnik, Glühlampe)
Gates	Bill	50, 114	*28.10.1955	US-amerikanischer Unternehmer, Programmierer und Mäzen
Harari	Yuval Noah	72	*24.02.1976	israelischer Historiker
Jobs	Steve	9, 11, 50, 114	1955-2011	US-amerikanischer Unternehmer, Mitgründer und langjähriger CEO von Apple Inc
Largo	Remo	72	*24.11.1943	Schweizer Kinderarzt und Autor von Sachbüchern zur Erziehung
Lesch	Harald	73	*28.07.1960	deutscher Astrophysiker, Naturphilosoph, Wissenschaftsjournalist, Fernsehmoderator und Hörbuchsprecher
Ma	Jack	73	*10.09.1964	chinesischer Unternehmer, Gründer und langjähriger Chef der Alibaba Group
Moore	Gordon	50	*03.01.1929	Mitgründer der Firma Intel und Urheber des Moore'schen Gesetzes
Morse	Samuel	26	1791-1872	US-amerikanischer Erfinder und Professor für Malerei, Plastik und Zeichenkunst
Page	Larry	59, 115	*26.03.1973	US-amerikanischer Informatiker und CEO von Alphabet Inc.
Sanger	Larry	70	*16.07.1968	US-amerikanischer Philosoph
Scott	Ridley	10	*30.11.1937	britischer Filmregisseur und Filmproduzent
Shockley	William	51	1910-1989	US-amerikanischer Physiker, 1956 Nobelpreis für Physik
Snowden	Edward	121	*21.06.1983	US-amerikanischer Whistleblower und ehemaliger CIA-Mitarbeiter
Tanenbaum	Morris	51	*10.11.1928	US-amerikanischer Chemiker und Manager
Teal	Gordon	51	1907-2003	US-amerikanischer Chemiker
Wales	Jimmy	70	*07.08.1966	US-amerikanischer Internet-Unternehmer, Mitbegründer der Online-Enzyklopädie Wikipedia
Warhol	Andy	10	1928-1987	US-amerikanischer Grafiker, Künstler, Filmemacher und Verleger
Wozniak	Steve	9, 50, 114	*11.08.1950	US-amerikanischer Computeringenieur und freier Unternehmer
Zuckerberg	Mark	80, 81, 115, 121	*14.05.1984	US-amerikanischer Unternehmer, Gründer und Vorstandsvorsitzender des Unternehmens Facebook Inc
Zuse	Konrad	8	1910-1995	deutscher Bauingenieur, Erfinder und Unternehmer

... UND BEGRIFFE

BILDNACHWEIS

Alle Abbildungen, soweit nicht anderweitig angegeben:
Adobe Stock - stock.adobe.com, Annamaria Papp-Ionescu, Martin Sell

S.8 l.u. – Deutsches Museum, Bildstelle

S.8 r.u. – Courtesy of International Business Machines Corporation, © (1959) International Business Machines Corporation

S.9 l.u.– Mark Richards, Courtesy of Computer History Museum

S.9 r.m. – Courtesy of the Naval Surface Warfare Center, Dahlgren, VA., 1988.

S.9 r.u. – Courtesy of International Business Machines Corporation, © (1981) International Business Machines Corporation.

S.10 l.u. – AA+W - stock.adobe.com; Fotomontage: Screenshot Apple Computer Commercial: 1984, Jason Scott - archive.org

S.10 r.u. – Soupmeister - This image was originally posted to Flickr by Soupmeister at https://www.flickr.com/photos/29012094@N07/5236373626. It was reviewed on 22 August 2014 by FlickreviewR and was confirmed to be licensed under the terms of the CC BY-SA 2.0

S.11 l.u. – Coolcaesar, Wikimedia Commons, CC BY-SA 3.0 https://commons.wikimedia.org/w/index.php?curid=395096

S.11 r.u – Carl Berkeley, CC BY-ND 2.0 https://www.flickr.com/photos/mac_users_guide/3680455198/

S.19 – SELFHTML-Wikis, CC-BY-SA 3.0 (de) https://wiki.selfhtml.org/images/thumb/2/2d/UTF8Kodierung.png/600px-UTF8Kodierung.png

S.27 m.u – Alexrk2, Wikimedia Commons, CC BY-SA 3.0 https://de.wikipedia.org/wiki/Datei:Map_TAT-14.png

S.40 l.u – mit freundlicher Genehmigung von ARD –Text.de

S.50 l.u. – Texas Instruments

S.50 m.u. – NASA

S.50 r.u. – Peter1912 wikipedia commons

S.51 l.u – David Monniaux - Own work, Wikimedia Commons, CC BY-SA 3.0 https://commons.wikimedia.org/w/index.php?curid=1594209

S.51 m.u. – Konstantzin Lanzet, Wikimedia Commons, CC BY-SA 3.0 https://commons.wikimedia.org/wiki/File:KL_AMD_Athlon_XP_Thoroughbred.jpg

S.51 r.u – Xilinx

S.60, 61 – Screenshots https://www.google.de/ © Google Ireland Limited

S.70 r.u. – Screenshot https://xtools.wmflabs.org/articleinfo-authorship/de.wikipedia.org/Bien?uselang=de © 2008-2019 · v.3.10.7 (r.d2d964cb) Wikimedia Foundation, Inc.

S.71 l.u. – Screenshot https://de.wikipedia.org/w/index.php?title=Bien&type=revision&diff=131699060&oldid=127297990, Creative Commons Attribution/Share Alike, Wikimedia Foundation Inc.

S.71 r.m. – Trustable, Wikimedia Commons, CC BY-SA 3.0 https://commons.wikimedia.org/w/index.php?curid=38670554

S.80 m.u. – Essam Sharaf, Wikimedia Commons, CC BY-SA 3.0 https://commons.wikimedia.org/wiki/File:2011_Egyptian_protests_Facebook_%26_jan25_card.jpg

S.81 l.u. – Statista Global Consumer Survey, https://de.statista.com/infografik/18290/markensympathie-deutscher-konsumenten-fuer-techriesen/

S.81 r.u. – Getty Images/Justin Sullivan/Staff

S.86 r.u. – Handelsverband Deutschland - HDE e.V.

S.87 l.m. – Screenshot Firefox Browser 70.0.1 (64-Bit), Mozilla Foundation, Web-Speicher-Inspektor: https://www.spiegel.de/ © DER SPIEGEL GmbH & Co. KG

S.87 m.u. – Screenshot uBlock Origin v1.23.0 Copyright (c) Raymond Hill 2014-present

S.107 l.o. – Screenshot https://followfood.de/startseite.html © followfood GmbH

S.114 l.u. – Joi Ito, CC BY 2.0 https://www.flickr.com/photos/35034362831@N01/522695099/

S.115 l.u. – Grendelkhan, Wikimedia Commons, CC BY-SA 4.0 https://commons.wikimedia.org/wiki/File:Google_driverless_car_at_intersection.gk.jpg

S.123 – Andrey Alyukhin, 123RF

S.129 – Initiative Code your Life

Der Verlag hat sich bemüht, sämtliche Rechteinhaber der Fotos ausfindig zu machen. Sollte darüber hinaus Ansprüche bestehen, bitten wir um freundliche Nachricht.

Soweit in diesem Buch Logos, Waren- oder Markenzeichen Dritter verwendet werden, impliziert die Nutzung durch den Verlag nicht die Behauptung, selbst Inhaber dieser Rechte zu sein

.shock, AllebaziB, Anastassiya, anyaberkut, arabes69, bigpa, BillionPhotos.com, bogdanvija, brgfx, denis08131, dulya, elen31, Fabian, Firstsignal, funway5400, goodluz, goodluz, happyvector071, highwaystarz, javarman, josephsjacobs, lauritta, Lucie, mast3r, pixelliebe, pking4th, Raevsky Lab, Rido, Scanrail, schab, Serge, Sergiy Timashov, SimpLine, storm, vakabungo, vectorfusionart, villorejo, Vitaly Krivosheev, Wayhome Studio, Web Buttons Inc, Zerophoto - stock.adobe.com

Wikipedia – die freie Enzyklopädie
https://www.wikipedia.org/

DIE ZEIT, ZEITmagazin, ZEIT ONLINE
https://www.zeit.de

C't Magazin, heise online
https://www.heise.de/

mehr QUELLEN
http://massel.net/Rm65

Alice im Wunderland
Original: Alice's Adventures in Wonderland
Lewis Carroll, 1865

Die Bibel
1200 v. Chr. - 135 n. Chr.
Schriftensammlung, die im Christentum als Heilige Schrift gilt.

Alice hinter den Spiegeln
Original: Through the Looking-Glass, and What Alice Found There
Lewis Carroll, 1871

1984
Original: Nineteen Eighty-Four
George Orwell, 1949

Homo Deus –
Eine Geschichte von Morgen
Yuval Noah Harari, 2015

21 Lektionen für das 21. Jahrhundert
Yuval Noah Harari, 2018

Lernen geht anders –
Bildung und Erziehung vom Kind her denken
Remo H. Largo, 2010

Der Tag, an dem die Oma das Internet kaputt gemacht hat
Marc-Uwe Kling, 2018

1969 - 2019

50 Jahre Internet

„Wir müssen das Internet ändern, um es zu retten. Es hat uns alle gebraucht, um das Netz, das wir heute haben, aufzubauen - und jetzt liegt es an uns allen, das Netz zu bauen, das wir möchten."

Tim Berners-Lee, Erfinder des World Wide Web

1919 - 2019

100 Jahre Bauhaus

„Architekten, Maler und Bildhauer müssen die vielgliedrige Gestalt des Baues in seiner Gesamtheit und in seinen Teilen wieder kennen und begreifen lernen, dann werden sich von selbst ihre Werke wieder mit architektonischem Geiste füllen, den sie in der Salonkunst verloren."

Walter Gropius, Gründer des Bauhauses

AUTOR

Foto: Martin Hangen

Paul Andersson

ist Wahl-Münchner und versucht zusammen mit seiner Frau seine Kinder im kritischen Umgang mit den digitalen Medien zu erziehen. Sein Versagen auf diesem Gebiet wird er nun mit seinem ersten Buch – fortführen oder sühnen. Paul arbeitet seit über 20 Jahren erfolgreich in der Medien- und Internetbranche.

Nach dem Abitur schnupperte er mutig die Luft der neuen Bundesländer, wo er unter anderem Informatik und Journalismus studierte. Seine Kindheit verbrachte er noch offline mit Schnitzeljagden und Ballspielen. Das Licht der Welt erblickte er 1977 nördlich des Äppeläquators.

ILLUSTRATORIN

Annamaria Papp-Ionescu

machte ihr Diplom an der Moholy-Nagy-Universität für Kunst und Design (MOME), die dem Bauhaus-Konzept folgt. Als Architektin lebt und arbeitet sie mit ihrer Familie in München. Sie entwirft, baut, malt, tanzt, … Paul hat sie am Rande des Fußballfeldes kennengelernt – wegen der Söhne und Nachbarschaft. Das Ergebnis dieses Glücksfalls ist ihre jahrelange Zusammenarbeit und schließlich dieses gemeinsame Buchprojekt.

Ihre Illustrationen bestehen aus verschiedenen Ebenen und wollen Vor-Bilder neu interpretieren. Der verschwommene Hintergrund und die skizzenartige, offene Form soll die Fantasie der Kinder beflügeln, sie für die Probleme unseres Zeitalters durchlässig machen und in ihnen den Wunsch auf ein wahres Leben erwecken.

Foto: Gábor Buda

1
0
0
1
0
1
0
0

Nachhaltigkeit ist uns wichtig. In der Auswahl unserer Partner haben wir besondere Sorgfalt walten lassen. Die Gestaltung dieses Buches hat die jedernet GmbH übernommen. Das Familienunternehmen ist seit 2015 klimaneutral zertifiziert, Mitglied bei UnternehmensGrün und unterstützt aktiv die For-Future-Bewegung. Als Bank begleitet uns seit vielen Jahren die GLS Gemeinschaftsbank in Bochum.

klimaneutral
natureOffice.com | DE-344-313162
gedruckt

Für den Umschlag haben wir das FSC®-zertifizierte Papier „Surbalin glatt" der Peyer Graphic GmbH gewählt. Der Innenteil wurde auf das mit einem Blauen Engel ausgezeichnete Papier „Circle Offset premium white" (100% Recycling) gedruckt. Recyclingpapier spart Holz, Wasser und Energie bei der Herstellung.

ÖKO-FARBEN
EMAS-ZERTIFIZIERT
ALKOHOLFREIER DRUCK
100%
UMWELTFREUNDLICHE TECHNIK
NACHHALTIGKEITSGARANTIE
LOKAY.DE

Die Druckerei Lokay in Reinheim arbeitet ausgezeichnet umweltfreundlich mit Farben auf Basis nachwachsender Rohstoffe. Die Druckfarben sind Cradle-to-Cradle zertifiziert und Mineralöl- und Kobaltfrei.

Druckerei:
Lokay e.K.
Königsberger Str. 3
64354 Reinheim
www.lokay.de

Umschlag und Layout:
jedernet GmbH
Herzog-Wilhelm-Str. 25
80331 München
www.jedernet.de

UnternehmensGrün
Bundesverband der grünen Wirtschaft

ENTREPRENEURS FOR FUTURE

Ein herzliches **Dankeschön** vor allem Paul und Annamaria und allen die mitgeholfen haben dieses außergewöhnliche Buchprojekt zu verwirklichen!

Impressum

massel Verlag Martin Sell
c/o jedernet GmbH
Herzog-Wilhelm-Str. 25
80331 München
Germany

verlag@massel.net
verlag.massel.net

Wir freuen uns über Fanpost, Rezensionen und Empfehlungen! Sollte Ihnen ein Fehler auffallen, so kontaktieren Sie uns bitte: verlag@massel.net